Lisa und Wilfried Bahnmüller

KLEINE AUSZEITEN MIT DER BAHN

Bayern

50 Ideen für einen herrlichen Tag

J. BERG

VORWORT

Liebe Leserinnen und Leser!

Ganz Bayern, mit seiner reichen Geschichte, der vielfältigen Kultur und den atemberaubenden Landschaften, ist ein Bundesland, das es wert ist, erkundet zu werden. Und was könnte besser sein, als dies auf umweltfreundliche und bequeme Weise zu tun? Das Deutschlandticket der Bahn bietet die ideale Möglichkeit, die besten Seiten Bayerns zu erleben, und dies uneingeschränkt flexibel, da es die Nutzung sämtlicher Regionalzüge der Deutschen Bahn und auch des regionalen Busverkehrs gestattet. Zudem kann man in fast jeden Zug oder Bus steigen, ohne sich zuvor im örtlichen Ticket-Dschungel zurechtfinden zu müssen.

Hinzu kommt: Das Reisen mit der Bahn ist nicht nur umweltfreundlich, sondern oft auch kostengünstiger als die Anreise mit anderen Verkehrsmitteln. Und das Deutschlandticket bietet ein attraktives Preis-Leistungs-Verhältnis, besonders wenn man mehrere Ausflüge in derselben Region innerhalb kurzer Zeit unternehmen möchte. Ob für einen Tages- oder Wochenend-Ausflug oder gleich für eine kleine Rundreise durch Bayern: Das Deutschlandticket der Bahn ist die optimale Wahl, um die landschaftliche Schönheit und die kulturelle Vielfalt zwischen Coburg und Füssen, zwischen Miltenberg und dem Bayerischen Wald zu entdecken.

Egal, ob du pulsierende Städte, idyllische Dörfer oder die Einsamkeit der Berge erkunden möchten: Du reist bequem und stressfrei an. Lehn dich also zurück, ruh dich aus, und genieße die Aussicht oder ein gutes Buch, während die Bahn dich sicher an dein Ziel bringt. Du vermeidest damit nicht nur den Stress des Autofahrens oder der lästigen Parkplatzsuche, sondern nützt die Reisezeit auch für dich selbst und zum Entspannen.

Wir wünschen dir viel Spaß mit unseren 40 Ausflügen durch Bayern und hoffen, dass du damit viele wunderbare und unvergessliche Momente erlebst!

Herzlich

Lisa und Wilfried

Schloss Veitshöchheim und seine Gartenbaukunst (Tour 2)

Iphofen, Wein, Kunst und vieles mehr (Tour 3)

Freier Zugang zu Wildtieren (Tour 22)

Schiff- und Wanderkombination am Donaudurchbruch bei Weltenburg (Tour 19)

INHALTSVERZEICHNIS

Deine Touren

Im Norden Bayerns

Mitten in Bayern

Unbekanntes Paradies

TOUR 13 / SEITE 66
Die Wanderung entlang der Pegnitz ist ein kleiner Geheimtipp: Während die Fränkische Schweiz schon einen ziemlichen Bekanntheitsgrad erreicht hat, ist die Hersbrucker Schweiz noch eine unentdeckte Ecke in Bayern.

In Bayerns Süden

Tourenfinder

Tournummer und -name											
1	Nach Miltenberg	mittel	12 km	180 Hm	4.30 Std.	✓		✓	✓		
2	Schloss Veitshöchheim	leicht	—	—	beliebig	✓	✓	✓		✓	
3	Weinstadt Iphofen	mittel	16,5 km	300 Hm	4 Std.	✓		✓		✓	
4	Volkach - Mainschleife	mittel	13 km	250 Hm	4 Std.	✓		✓		✓	
5	Bad Kissingen	leicht	6 km	20 Hm	2 Std.	✓	✓	✓	✓	✓	
6	Auf den Kreuzberg	mittel	14 km	500 Hm	4.30 Std.	✓	✓	✓			
7	Coburg	leicht	—	—	beliebig	✓	✓	✓	✓	✓	
8	Vierzehnheiligen - Staffelberg	mittel	11 km	250 Hm	3 Std.	✓	✓	✓	✓	✓	
9	Zur Giechburg	mittel	9,5 km	250 Hm	3.30 Std.	✓	✓	✓	✓		
10	Kulmbach	leicht	—	—	beliebig	✓	✓	✓	✓	✓	
11	Aufs Walberla	mittel	7,5 km	250 Hm	3 Std.	✓	✓	✓	✓	✓	
12	Durch die Schwarzachklamm	mittel	10,5 km	55 Hm	3 Std.	✓	✓	✓			
13	Hohenstadt - Velden	schwer	19 km	150 Hm	5.30 Std.	✓		✓		✓	✓
14	Parkstein	leicht	—	—	beliebig	✓	✓	✓	✓	✓	
15	Altmühlsee / Fränk. Seenplatte	leicht	7,5 km	—	2 Std.	✓	✓	✓	✓	✓	✓
16	Nördlingen	leicht	—	—	beliebig	✓	✓	✓	✓	✓	
17	Wemding - Harburg	mittel	18 km	300 Hm	4.30 Std.	✓		✓			
18	Dollnstein - Eichstätt	mittel	16,5 km	350 Hm	4 Std.	✓	✓	✓		✓	✓
19	Kelheim - Weltenburg	leicht	6,5 km	150 Hm	2 Std.	✓	✓	✓			✓
20	Furth im Wald	leicht	—	—	beliebig	✓	✓	✓	✓	✓	✓
21	Am Großen Arber	mittel	5 km	400 Hm	2.30 Std.	✓	✓	✓		✓	
22	Baumwipfelpfad Neuschönau	leicht	—	—	beliebig	✓	✓	✓	✓		
23	Landshut	leicht	—	—	beliebig	✓	✓	✓	✓	✓	
24	Petersberg - Altomünster	mittel	11 km	100 Hm	3 Std.	✓		✓	✓	✓	
25	Landsberg - Pössinger Au	mittel	10 km	100 Hm	3.30 Std.	✓	✓	✓	✓		
26	Lindau	leicht	—	—	beliebig	✓	✓	✓	✓	✓	✓

	Tournummer und -name	Schwierigkeit	Weglänge	Höhenunterschied	Gehzeit	Einkehr	für Kinder geeignet	Sehenswürdigkeit	wintergeeignet	viel Sonne	Bademöglichkeit
27	Eistobel Große Argen	mittel	6 km	200 Hm	2 Std.	✓	✓	✓			
28	Kempten	leicht	—	—	beliebig	✓	✓	✓	✓	✓	
29	Zirmgrat - Füssen	mittel	13,5 km	600 Hm	4.30 Std.	✓	✓	✓			✓
30	Königsschlösser Füssen	leicht	—	—	beliebig	✓	✓	✓	✓	✓	✓
31	Wieskirche und Steingaden	leicht	6 km	100 Hm	1.45 Std.	✓	✓	✓	✓	✓	
32	Murnau und Murnauer Moos	leicht	8,5 km	100 Hm	3 Std.	✓	✓	✓		✓	✓
33	Mittenwald	mittel	13 km	500 Hm	4 Std.	✓	✓	✓	✓	✓	✓
34	Bad Tölz	leicht	—	—	beliebig	✓	✓	✓	✓	✓	✓
35	Tegernsee - Schliersee	mittel	13 km	550 Hm	4 Std.	✓	✓	✓		✓	✓
36	Chiemsee mit Schifffahrt	leicht	14,5 km	50 Hm	4.30 Std.	✓	✓	✓		✓	✓
37	Wasserburg	leicht	—	—	beliebig	✓	✓	✓	✓	✓	
38	Burghausen	leicht	—	—	beliebig	✓	✓	✓	✓	✓	✓
39	Berchtesgaden	leicht	—	—	beliebig	✓	✓	✓		✓	
40	Salzburg	leicht	—	—	beliebig	✓	✓	✓	✓	✓	

Piktogramme erleichtern den Überblick

leicht · mittel · schwer

Weglänge · Höhenunterschied · Gehzeit

Einkehr

für Kinder geeignet

Sehenswürdigkeit

wintergeeignet

viel Sonne

Bademöglichkeit

Alles, was du wissen musst für deine Tour!

Bayern mit dem Deutschlandticket entdecken

Das Einzige, was wirklich wichtig ist: Recherchiere unbedingt vorab genau die Abfahrtszeiten der öffentlichen Verkehrsmittel, und zwar nicht nur die der Züge, sondern auch die der Busse, falls für die Ausflüge nötig. Je ländlicher wir unterwegs sind, umso rarer werden die Busverbindungen, und außerhalb der Zentren verkehren einige Busse vor allem an Wochenenden zum Teil recht selten, und unter der Woche dürfen wir in Schulbussen nicht mitfahren. Je weiter wir aufs Land kommen, umso häufiger gibt es das Angebot der Rufbusse: Das Prinzip ist einfach und auch genial, denn der Bus kommt nur, wenn man ihn braucht. Aber das bedarf immer etwas Vorlaufzeit – meist muss man die Fahrt mindestens eine Stunde vorher anmelden.

Tipps für Freilichtmuseen fehlen auch nicht.

Kleiner, aber genauso fein

Übrigens haben wir bewusst die größeren bayerischen Metropolen wie München, Würzburg, Augsburg, Regensburg oder Passau in diesem Buch ausgelassen. Die Beschreibungen für Besichtigung und Rundgänge würden allein schon ein Buch füllen. Zudem sind das alles Städte, die man vielleicht sowieso schon kennt und die noch dazu zu groß für einen einzigen Tagesausflug sind. Auch einige der sehr bekannten Ziele wie Bamberg, Bayreuth oder Rothenburg haben in diesem Buch keinen Platz mehr gefunden, da sie meist sowieso auf der Liste von vielen Reisenden stehen. Natürlich sind alle diese Städte einen Ausflug wert, aber wir haben uns eher auf kleinere und unbekanntere Ziele konzentriert und dabei unsere Ausflugsvorschläge mit der Bahn nach rein persönlichen Vorlieben

Badespaß: Erfrischendes Wasser in Form von Flüssen und Seen oder Freibädern gibt es auf sehr vielen Ausflügen.

ausgesucht – sie zeigen dabei auch nur einen kleinen Querschnitt von all dem, was uns an Bayern so gefällt. Natürlich gäbe es noch viel, viel mehr Ziele und Städtchen, für deren Besuch es sich lohnt, in die Bahn zu steigen, aber dann wäre dieses Buch ein dicker Wälzer geworden. So findest du in diesem Buch u. a. nicht ganz so bekannte Städte und Gegenden, die es nach unserer Meinung wert sind, genauer erkundet zu werden. Vor allem auch zu Fuß, denn dann lässt sich ein Ausflug mit einer Wanderung und schönen kulturellen Erlebnissen kombinieren.

Gehzeiten und Höhenmeter

Wo wir Wanderungen beschrieben haben, solltest du beachten, dass sich die Gehzeiten-Angaben immer auf die für die Wanderung benötigte Zeit beziehen – für Besichtigungen, Fotostopps oder Rastpausen musst du noch genug Zeit zusätzlich einplanen.

Je nachdem, wo wir wandern, achte bitte auch genau auf die Höhenmeter-Angaben. Diese sind immer ein Indiz dafür, wie viel Kondition wir für die Tour benötigen. Unter den Ausflügen sind im Folgenden auch drei richtige Bergwanderungen beschrieben,

Anfahrt

Achtung: Nicht alle unsere Ziele lassen sich die ganze Woche über mit öffentlichen Verkehrsmitteln erreichen. Einige wenige Ausflüge liegen in ländlicher Gegend, dort fahren oft nur unter der Woche Busse.

Grenzüberschreitend erkunden wir Salzburg (Tour 40)

Weltenburger Genießer: Freude in der Klosterschänke (Tour 19)

Die Fraueninsel im Chiemsee, ein echtes Kleinod (Tour 36)

Im Weinland: Mainschleife bei Escherndorf (Tour 4)

die jedoch sicherlich für alle Wanderer mit einigermaßen Kondition ohne größere Probleme zu schaffen sind. Zudem erfordern sie keine umfangreichen alpinen Erfahrungen und sind damit auch ideal für Berg-Einsteiger geeignet.

Morgendliche Ruhe am Forggensee (Tour 30)

Die richtige Ausrüstung

Egal, ob man auf einen Berg oder Hügel steigt oder entlang von Seen und Flüssen spaziert: Für alle Wanderungen empfehlen wir immer gute und stabile Schuhe. Diese benützen wir sogar bei Stadtbesichtigungen, denn mit Sandalen oder Ballerinas haben wir in kopfsteingepflasterten Altstädten schon schlechte Erfahrungen gemacht – irgendwann schmerzen einfach die Beine, und das muss nicht sein. Wobei das ein weiterer Pluspunkt für das Deutschlandticket ist: Wenn man nicht mehr kann oder keine Lust mehr hat, setzt man sich einfach in den nächsten Bus oder Zug, ruht die müden Füße aus und fährt gemütlich zum Ausgangspunkt zurück.

Checkliste

Das solltest du dabeihaben:

- Vorab im Internet die Bahn- und Busverbindungen genau prüfen ✓
- Die App »DB« der Deutschen Bahn auf das Smartphone laden ✓
- Kleine Lektüre oder Kopfhörer für die Zugfahrt ✓
- Sonnenschutz (Creme/Kappe/Brille) ✓
- Getränke für die Fahrt und/oder Wanderung ✓
- Evtl. Badesachen ✓
- Kleiner Rucksack (auch beim Stadtbesuch praktisch) ✓
- Bequeme und feste Schuhe ✓
- Evtl. Wanderstöcke ✓

Gut informiert

Bitte beachte auch, dass einige unserer Ausflugsziele in den Wintermonaten geschlossen sein können. Viele der Freizeitattraktionen haben in Bayern nur zwischen Ostern und dem Ende der bayerischen Herbstferien in der ersten Novemberwoche geöffnet. Über exakte Öffnungszeiten oder den aktuellen Stand der Ruhetage informierst du dich am besten im Internet.

Harburg am Rand des Nördlinger Rieses (Tour 17)

39+40 Unter wilden Gipfeln

Gleich etwas länger bleiben sollte man in der Gegend von Berchtesgaden. Hier ist die Dichte an Ausflugsmöglichkeiten in Kombination mit Wanderungen riesig. Zudem bietet sich von hier eine Besichtigung Salzburgs an.

Berchtesgaden und der Alpen-Nationalpark Seite 176
Ausflug nach Salzburg Seite 182

Weinkultur und Wanderglück

Klein und fein: das ist Iphofen am Fuß des Schwanbergs. Hier kann man Wandern mit viel Genuss verbinden: der malerische Ort, die Museen, das Essen, die Aussicht und die edlen Weinsorten.

Weinstadt Iphofen Seite 26

3

UNSERE BESTEN TOUREN

Highlights

Es ist die Qual der Wahl, denn eigentlich haben wir viel mehr Lieblingstouren. Aber bei diesen sieben vorgestellten Wanderungen sind wir schon zu Wiederholungstätern geworden und werden auch in Zukunft dort anzutreffen sein.

5 Entspannendes Welterbe

Kurorte sind verstaubt und nur für Senioren? Weit gefehlt: Der Kurort Bad Kissingen mit seinen wunderschönen Belle-Époque-Bauten erlebt gerade ein großes Revival.

Bad Kissingen Seite 34

35

Das heimliche Herz Bayerns

Den Bergen ganz nahe, ohne dass man alpine Erfahrung benötigt, kommt man beim Ausflug an den Tegernsee. Die Wanderung zum Schliersee zählt zu den schönsten Panoramawegen in den Bayerischen Hausbergen.

Vom Tegernsee zum Schliersee Seite 162

Berühmte Barockschönheit

22

31

Kunst und Kultur plus eine Wanderung erlebt man rund um die Wieskirche bei Steingaden. Immerhin ist sie UNESCO-Welterbe – und diese Auszeichnung hat das Gotteshaus wirklich verdient.

Wieskirche und Steingaden Seite 144

Besuch bei Luchs & Bär

Völlig gratis erlebt man aufregend nah die Tiere im Wild-Freigelände von Neuschönau im Bayerischen Wald. Das ist nicht nur für Familien mit Kindern spannend.

Baumwipfelpfad Neuschönau

Seite 104

Pause zwischen den Weinstöcken am Schwanberg bei Iphofen (Tour 3)

VON KLEINHEUBACH ÜBER KLOSTER ENGELBERG

Wanderung nach Miltenberg

Miltenberg liegt in Unterfranken am Mainufer – dort scheint die Sonne einfach immer eine Weile länger, und auch das Frühjahr hält schneller Einzug als in anderen Gegenden Bayerns. So mild und lieblich wie das Klima, das sogar den Weinanbau erlaubt, ist auch die charmante Kleinstadt.

Miltenberg liegt an der Deutschen Fachwerkstraße, das spricht schon mal für sich. Südlich davon beginnt der Odenwald – ein Traumrevier für jeden Wanderer –, aber auch der Main, immerhin einer der wichtigsten Flüsse in Deutschland, lädt zu herrlichen Erkundungen ein. Bei dieser Tour wollen wir von Kleinheubach über das Schloss Löwenstein nach Großheubach wandern und zum Kloster Engelberg aufsteigen. Über den Fränkischen Marienweg geht es dann zurück an den Main nach Miltenberg, wo wir noch genügend Zeit für eine Stadtbesichtigung haben.

Kleinheubach und Schloss Löwenstein

Ausgangspunkt ist die aus rotem Sandstein erbaute kleine Bahnhofsstation in Kleinheubach. Eine blaue Raute dient uns im Folgenden als Wegmarkierung. Die Bahnhofstraße führt zunächst durch den etwas gesichtslosen Ort zur Friedensstraße, in die wir links einbiegen. An ihrem Ende stehen wir schon vor dem Eingang zum Schlosspark und damit zum Schloss Löwenstein. Es gehört der Fürst-zu-Löwenstein-Stiftung, in Teilbereichen des Gebäudes sind Tagungsräume untergebracht bzw. dienen diese auch als Hochzeitslocation. Ein anderer Teil des Schlosses wird von der Fürstenfamilie bewohnt, die dort auch ein Weingut betreibt. Der Park steht für alle offen. Wir laufen zwischen dem Schlosskomplex und der fürstlichen Vinothek hindurch und queren dann den leicht bewaldeten Park in südöstlicher Richtung.

Schmankerltipp

Gasthaus Zum Riesen: Direkt an Miltenbergs Hauptstraße steht das Hotel-Gasthaus Zum Riesen, das als ältestes Gasthaus Deutschlands gilt. Dementsprechend urig würde man die Inneneinrichtung vermuten – diese ist hingegen sehr modern und doch urgemütlich. Die Küche bietet beste fränkische Spezialitäten, das Bier stammt von der Miltenberger Brauerei Faust.

■ *riesen-miltenberg.de*

Der Gasthof Zum Riesen
steht in der Altstadtmitte.

Das Mainzer Tor
wurde im Spätmittel-
alter errichtet.

Das Torhaus bewachte
Mainbrücke und Altstadt.

Schloss Löwenstein
mit seinen drei Flügeln

Tipp

Ein herrliches Vergnügen ist eine Runde mit dem Schiff auf dem Main: Man startet in Miltenberg und schippert bis Freudenberg, Wertheim oder Aschaffenburg (bevorzugt in den Sommermonaten).

Aussicht vom Kloster Engelberg auf das Maintal

In Miltenberg sind die Toilettenschilder liebevoll gestaltet.

Nach Großheubach

Der Park endet unterhalb der großen Heubachbrücke, zu der wir hinaufmüssen. Dafür halten wir uns kurz rechts, um dann hinter dem Feuerwehrgebäude in einer Schleife auf die Brücke zu gelangen. Wir queren den Main, leider mit relativ viel Straßenverkehr, und sehen vor uns schon das nächste Ziel der Wanderung: Kloster Engelberg auf seinem Hügel.

Nach dem Main schließen sich die Altwasserarme und Mainbiotope an. Wir verlassen die Brücke nach links, biegen gleich links in die erste Straße (In den Seegärten) ein und folgen ihr über die Rechtskurve in die Ortsmitte. Am Gasthaus Zur Krone queren wir die Miltenberger Straße minimal nach links in die Schafgasse und folgen gleich danach rechts der Beschilderung »Fußweg zum Kloster Engelberg über die Treppenanlage«.

Kloster Engelberg

Wir können uns ausmalen, was uns nun bevorsteht: Ziemlich schweißtreibend geht es fast senkrecht hinauf – es ist der alte Pilgerweg, der an den zwölf Kreuzwegstationen vorbei zum Kloster führt. Kein Wunder also, dass die Treppe auch »Engelsstaffeln« genannt wird, nur schweben wir leider nicht engelsgleich nach oben, sondern müssen mehr als 600 Stufen bewältigen.

Aber dann haben wir es geschafft und stehen 120 Meter über dem Main vor der Klosterkirche Engelberg – kein Wunder, dass die Aussicht von hier oben über das Maintal und die Täler des Odenwalds hinweg herrlich ist. Einen Blick in die schöne

Direkt am Mainufer legen die Ausflugsschiffe ab.

Das Gnadenbild von Engelberg

Wallfahrtskirche wollen wir auch werfen. Länger sitzen bleiben können wir dann in der angeschlossenen Klosterschänke, denn wir wollen doch probieren, ob sich die Franziskanermönche, die das Kloster betreiben, auch auf das Bierbrauen verstehen (immerhin sind wir hier in einer Weingegend)! Im gemütlichen Biergarten oder im Stüberl werden dazu fränkische Brotzeiten gereicht.

Wege für Maria und den Rotwein

Nach dem Klosterbesuch umrunden wir die Gebäude auf der Nordseite und steigen noch ein kleines Stück weiter in östliche Richtung auf. Am obersten Parkplatz beginnt dann der Fränkische Marienweg, dem wir nun ein Stück folgen. Auf dem Weg durch den Wald passieren wir zuerst ein Kriegerdenkmal von 1918, dann gabelt sich der Weg – wir nehmen den rechten Zweig und passieren das Denkmal für den bayerischen König Ludwig I. und seine Gemahlin Theresia sowie einen Marienbildstock. Dann teilt sich der Weg – wir bleiben rechts und steigen nun auf einem Kreuzweg hinunter zur Mariahilfkapelle.

Direkt von der Kapelle führen weitere Treppen schnurgerade bergab, und ein bisschen Aussicht gibt es dazu auch. Unten biegen wir links ab und wandern nun zwi-

Der Marktplatz mit Marktbrunnen ist die »gute Stube« Miltenbergs.

mittel | 12 km | 180 Hm | 4.30 Std.

Auf einen Blick

Tourencharakter
Sonnige Streckenwanderung von Kleinheubach über das Kloster Engelberg nach Miltenberg (ca. 10 km), mit Stadtbesichtigung (ca. 2 km) nach der Tour. Ein knackiger Treppenaufstieg hinauf zum Kloster Engelberg ist zu bewältigen.

Ausgangspunkt
Kleinheubach

Endpunkt
Miltenberg

Anfahrt
Mit der Bahn (Westfrankenbahn) nach Kleinheubach am Main

Einkehr
Klosterstüberl Engelberg (ganzjährig geöffnet, Mo Ruhetag; kloster-engelberg.com). In Miltenberg gibt es eine große Auswahl an Einkehrmöglichkeiten.

Weitere Informationen
■ *miltenberg.de*

schen den ersten Weinreben weiter. Jetzt sind wir auf dem Fränkischen Rotwein Wanderweg unterwegs. Wir queren das kleine Wirtschaftssträßchen und laufen dann in einer weiten Rechtskurve um eine Gärtnerei herum. Auf einer Brücke geht es über die Staatsstraße, und bald darauf haben wir mit der Maria-Hilf-Straße den Ortsrand von Miltenberg erreicht. Die Straße führt uns Richtung Main, und wer Miltenberg nicht besuchen möchte, kann von ihr rechts auf der Nikolaus-Fasl-Straße direkt zum Bahnhof wandern.

Wir jedoch biegen ein Stück weiter links in die Ehrlerstraße ein, kommen zur großen Martinsbrücke und steigen dann, ohne den Fluss zu queren, zunächst zum Mainufer hinunter. Dabei queren wir auch die Bahnlinie. Dem Main folgen wir nun flussabwärts auf der Steingaesserstraße und kommen, vorbei am Ruderclub, dem kleinen Yachthafen und dem Wohnmobilstellplatz, zur Alten Mainbrücke, die uns direkt in die Altstadt von Miltenberg bringt, sofern wir uns am großen Brückenturm rechts halten.

Wandertipp

Von Miltenberg führt ein schöner Wanderweg über 12,5 km zum Kloster Amorbach, das etwas südlich des Mains im Mudtal liegt. Dabei ist man auf einer Etappe des Nibelungensteigs unterwegs.

Malerisches Miltenberg

Miltenbergs Altstadt ist vor allem in die Länge gezogen. Der Fluss und das alte Hochufer grenzen die Stadt in ihrer Breite ein. Zwischen der Mainpromenade und der Altstadt müssen wir noch die größere Mainstraße überqueren, eine Häuserreihe weiter hinten entdecken wir dann die kleinen Gassen. Von Ost nach West verläuft die »Hauptstraße«, die jedoch gemütlich autofrei ist. Hier stehen malerische Fachwerkhäuser und typisch fränkische Sandsteinbauten. Der Alte Marktplatz, auch als Schnatterloch bekannt, ist dabei die gute Stube der Stadt: Mit einem Brunnen in der Mitte, umgeben von Cafés und Wirtshäusern sowie der Pfarrkirche St. Jakobus, ist es hier und jetzt Zeit, die Kamera für Erinnerungsfotos zu zücken.

Vom Marktplatz ist es nur noch ein Katzensprung hinauf zur Burg – allerdings wieder über einige Stufen. Vom Platz vor der Burg genießt man dann einen der schönsten Blicke über die Stadt hinweg auf das Maintal. Die mittelalterliche Mildenburg beherbergt heute ein Museum mit zeitgenössischer Kunst und vielen Infos über die wechselvolle Burggeschichte. Man kann auch auf den 800 Jahre alten Bergfried steigen, der uns weitere Panoramablicke beschert. Zurück in der Altstadt lassen wir den Tag noch gemütlich in einer der zahlreichen Gaststätten ausklingen. Für den Weg zum Bahnhof nehmen wir alsdann entweder den Bus, oder wir spazieren wieder über die Mainbrücke, bleiben anschließend aber geradeaus auf der Brückenstraße und gelangen so direkt zum Bahnhof.

ZEITREISE MIT DEM ZUG

2

Schloss Veitshöchheim

Bequemer als in Veitshöchheim kann man kaum eines der prächtigen bayerischen Schlösser besichtigen. Direkt am Bahnhof beginnt die Zeitreise, denn von hier sind es nur wenige Schritte bis zum Schlossportal, und schon fühlt man sich, als wäre man mitten im 18. Jahrhundert gelandet.

Schloss Veitshöchheim mit seiner Parkanlage liegt gut sieben Kilometer nördlich von Würzburg auf einem kleinen Plateau über dem Main. Es dürfte wirklich selten sein, dass ein Schloss mehr oder weniger seinen eigenen Bahnanschluss besitzt. Die heutige Lage der Bahn, unmittelbar am Rand des Hofgartens, verdanken wir dem bayrischen König Ludwig I.: Ursprünglich wollten die Bahningenieure die Gleise auf die Mittelachse des Rokokogartens legen – doch der königliche Einspruch verbannte die Technik aus dem Schlosspark, und der Bahnhof erhielt das repräsentative Erscheinungsbild einer italienischen Renaissancevilla.

Vom Flanieren und Spazieren

Wir betreten die Parkanlage an der Ostseite, und sogleich zieht uns der große See mit dem Springbrunnen in seinen Bann: Ab 13 Uhr werden hier zu jeder vollen Stunde die Pumpen eingeschaltet, und die Wasserfontänen stäuben in den Himmel empor. Beim weiteren Rundgang stoßen wir auf unzählige Steinfiguren – es sollen mehr als dreihundert sein, die einem wohldurchdachten Plan folgen: In der Waldregion im östlichen Teil finden wir Tierdarstellungen aller Art, dann folgt die Laubenregion, die Platz

Tipp

Der Schlosspark ist das ganze Jahr über geöffnet und kostet keinen Eintritt. Man kann sich aber einen Audioguide ausleihen, um noch mehr über die Geschichte der Hofanlage zu erfahren.

Nicht nur vor dem Schloss stehen zahlreiche Steinfiguren.

Wasserspiele dürfen natürlich nicht fehlen.

für die hohe Gesellschaft bieten sollte – entsprechend findet man hier Kavaliere und schöne Frauen, aber auch spielende Kinder unter den Steinfiguren. Im und rund um den See triumphiert die griechische Götterwelt über die Niedrigkeit des menschlichen Daseins.

Der Schlosspark wurde ab 1702 als Lustgarten angelegt, und als genau solcher entpuppt er sich noch heute. Verschwenderisch und üppig angelegt mit Sichtachsen, Laubengängen, Küchengärten, Obstgarten, Kräuter- und Blumenrabatten gibt es viel zu entdecken und genießen.

Prachtvolles Barockschloss

Nicht vergessen sollte man das Schloss selbst, das man mit einer Führung besichtigen kann. Es war ursprünglich die Sommerresidenz der Würzburger Fürstbischöfe, die sich solche Prachtbauten leisten konnten. Nach der Säkularisation kam es 1814 in den Besitz der Wittelsbacher. Inzwischen gehört es zur Bayerischen Schlösserverwaltung, die in jahrelanger Arbeit versucht, den Urzustand der Anlagen wiederherzustellen.

leicht

beliebig

Auf einen Blick

Tourencharakter
Besichtigungsbummel durch den Schlosspark

Ausgangs-/Endpunkt
Veitshöchheim

Anfahrt
Mit der Bahn über Würzburg nach Veitshöchheim

Einkehr
Neben dem Gelände liegt der Ratskeller Veitshöchheim mit einem wunderschönen Innenhof – hier kann man sehr gut speisen (ratskellerveitshoechheim.de).

Noch wichtig
Schloss Veitshöchheim: geöffnet April bis Nov. 9–18 Uhr, im Okt. 10–16 Uhr, montags und im Winter geschlossen. Die historischen Räume im Obergeschoss sind nur im Rahmen einer Führung zugänglich.

Weitere Informationen
schloesser.bayern.de

Der Bienenkorb ist seit jeher das Symbol für Fleiß.

WEINWELTEN AM SCHWANBERG

3

Weinstadt Iphofen

Am Rand des Steigerwalds liegt der markante Schwanberg mit seinem fruchtbaren Boden, in dem sich Gipskeuper findet, die beste Voraussetzung für großartige Weine mit Charakter. Auf unserer Wanderung durchstreifen wir einige der besten Weinlagen Frankens und genießen die einmalige Aussicht über die Mainebene hinweg auf Iphofen.

Der Schwanberg ist eine herausragende Landmarke im Kitzinger Land. An seinem Fuß liegt das kleine Städtchen Iphofen mit seinen wunderbaren Weingütern, großer Kirchenkunst und einem herausragenden Museum. Dieser Ausflug verknüpft wieder einmal ideal Wander- mit Sightseeing-Genuss. Und zum Glück sind wir mit öffentlichen Verkehrsmitteln unterwegs, denn auch die kulinarischen Freuden in Form des einen oder anderen Weinschoppens kommen nicht zu kurz.

Durch Iphofen

Wir starten am Bahnhof in Iphofen und gehen Richtung Kreisverkehr. Bevor wir ihn erreichen, halten wir uns links und finden an der Bushaltestelle eine Unterführung, die uns sicher auf die andere Seite der B 8 bringt. Immer der Bahnhofsstraße folgend, stehen wir 20 Minuten später am Siechhausgraben und erreichen über eine Brücke die Altstadt von Iphofen.

Weiter auf der Bahnhofsstraße geht es jetzt vorbei an vielen schönen Weinhäusern. Die Straßen haben Kopfsteinpflaster, und Weinstöcke zieren die bunten Häuser. Über den Julius-Echter-Platz kommen wir in die Maxstraße, die uns zum Marktplatz bringt. Einen ersten mehr als positiven Eindruck von Iphofen-Ort haben wir nun schon erhalten.

Schmankerltipp

Vinothek Iphofen: Hier findet man fränkische Weinkultur auf 600 m² über vier Ebenen. Wir können uns nicht nur mit edlen Tropfen eindecken, es gibt auch regionale Spezialitäten und ein kleines Bistro.
■ *vinothekiphofen.de*

Auf dem Steigerwald Panoramaweg

Wir verlassen die Marktstraße über die Lange und die Breite Gasse und finden an ihrem Ende einen Durchlass in der Stadtmauer. Nach links queren wir den Herrengraben und biegen gleich danach rechts ein. Vorbei am Sportplatz und dem Stadtsee erreichen wir eine größere Straße, die wir queren. Nun folgen wir zunächst dem Steigerwald Panoramaweg, der uns entlang des

Iphofen ist von einem Meer aus Reben umgeben.

Auch alte Weinanbaumethoden werden erklärt.

Wein ist Poesie in Flaschen.
(Robert Louis Stevenson)

Bis zum Sonnenuntergang lässt es sich gut wandern.

Iphofen im ersten Morgenlicht

mittel | 16,5 km | 300 Hm | 4 Std.

Auf einen Blick

Tourencharakter
Halbtagswanderung mit einigen Höhenmetern. Zeit für die Besichtigung von Iphofen sollten wir zusätzlich einplanen.

Ausgangs-/Endpunkt
Iphofen

Anfahrt
Mit der Bahn über Würzburg oder Nürnberg nach Iphofen

Einkehr
Unterwegs keine (am Schloss kleines Café in der Tagungsstätte). Viele gute Restaurants in Iphofen: z. B. Genusshaus, Gasthof Goldene Krone (gasthof-krone-iphofen.de), Restaurant Zur Iphöfer Kammer, Augustiner am See (augustiner-am-see.de) oder »99er Kulinarium« (99er-kulinarium.de) in der Pfarrgasse.

Noch wichtig
Knauf-Museum: geöffnet von ca. Mitte März bis Mitte Nov. 10–17 Uhr, montags geschlossen (knauf-museum.de)

Weitere Informationen
schwanberg.de, iphofen.de

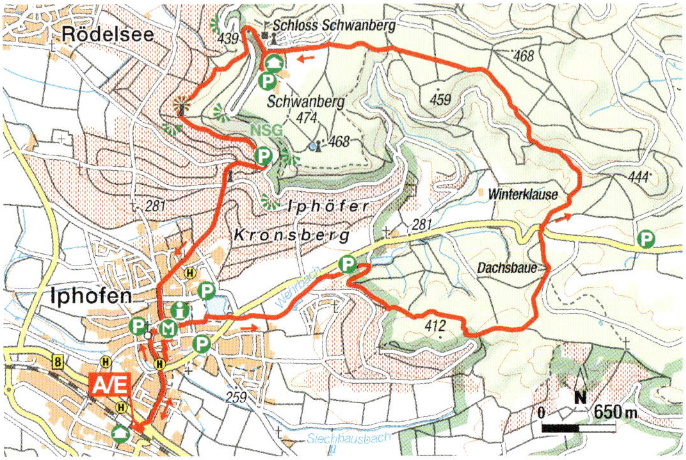

Wehrbachs mit Fitness-Parcours und Kneippanlage zum Waldsee führt. Hier biegen wir rechts ein und steigen durch ein Wäldchen hinauf zur Weinlage Iphöfer Kalb. Die wunderschöne Aussicht auf Iphofen und die Weinberge begleitet uns ein kurzes Stück, dann geht es, immer noch dem Panoramaweg folgend, links in den Wald, und wir erreichen die Beckahanseiche, die zur Erinnerung an einen verdienten Förster gepflanzt wurde.

Zum Schloss Schwanberg

Wenige Schritte weiter verlassen wir den Weitwanderweg und wenden uns nach links auf den Wanderweg »i5«, der sich die Strecke mit dem Kelten-Erlebnisweg teilt. Bald queren wir an der Bildeiche , die auf dem Pilgerweg nach Vierzehnheiligen liegt, die Straße, dann geht es ruhig durch den lichten Steigerwald. Unweit des Schlosses Schwanberg verlässt uns der Kelten-Erlebnisweg nach rechts, während wir aus dem Wald treten und geradeaus entlang einer Wiese zum Schloss Schwanberg wandern.

Neben dem Schloss stehen die Kirche St. Michael und ein Einkehrhaus, das zur Communität Casteller Ring, einer geistlichen Frauengemeinschaft, gehört. Natürlich bietet sich ein Rundgang durch den schönen Schlosspark an, den Alexander Graf von Faber-Castell vor 100 Jahren gestalten ließ. Neben der pittoresken Lindenallee finden wir hier auch das gräfliche Mausoleum.

Über das Eselsbrünnlein zur Weinbergklause

Der Abstieg beginnt gegenüber der knallroten Michaelskirche. Dort führt der Wanderweg zunächst in den Wald. Unser nächstes Ziel ist der Aussichtspunkt Kapellrangen unterhalb des Schlosses, auf dem wir die Ruinen einer Walburgiskapelle sehen können. Wenn wir uns an der schönen Aussicht sattgesehen haben, wandern wir in einem Bogen um den Aussichtspunkt herum und queren dann die Auffahrtsstraße zum Schwanberg. Jetzt verliert unser Weg schnell an Höhe, vorbei am Eselsbrünnlein geht es abwärts.

Schließlich passieren wir die Weinbergklause und steigen über letzte Stufen zu den Weinlagen oberhalb von Rödelsee hinab. Jetzt heißt es, erst einmal stehen zu bleiben, durchzuschnaufen und zu genießen, denn die Aussicht ist einfach grandios: Unzählige Rebreihen liegen wie ein weites Meer vor uns und geben der Landschaft ein geometrisches Muster.

Magischer Aussichtspunkt

Diesen Ausblick wollen wir solange wie möglich genießen und folgen deshalb nun dem kleinen Weinbergsträßchen nach links. Mit der Sonne auf der Nase wandern wir durch die weltbekannte Julius-Echter-Weinlage. Von diesem Abschnitt stammt ein vollmundiger terroirbetonter Silvaner. Und weil ja bekanntlich Klima und Boden den Geschmack eines Weins ausmachen, gibt es in der fränkischen Weingegend Plätze, denen man den Namen »terroir f« gab. Das sind Orte, die man nicht vergisst, mit lokaltypischen Akzenten, mit einer besonderen Aura, mit atemberaubenden Ausblicken, alle in geradezu magischen Landschaften. Und so erreichen wir wenige Minuten später den einzigartigen Aussichtspunkt »terroir f« oberhalb von Iphofen, der zudem zahlreiche Informationen rund um den Weinanbau bietet.

Tipp

Die Gipsfirma Knauf stiftete ihrer Heimatstadt Iphofen ein sehr modernes und äußerst sehenswertes Museum, das Originalabgüsse aus den großen Museen der Welt und Exponate aus fünf Jahrhunderten und fast allen Erdteilen zeigt. Jährliche Höhepunkte sind die hochkarätigen Sonderausstellungen (s. »Auf einen Blick«).

Ein Meer an Weinreben

Vom Aussichtspunkt ist es dann nicht mehr weit bis nach Iphofen: Wir folgen einfach dem Sträßchen weiter und erreichen an der Kurve den Geschichtsweinberg mit seinen historisch angelegten Weingärten. Hier geht es abwärts, bald auf dem Hauptweg, der uns fast schnurgerade zurück nach Iphofen bringt. Die ersten Häuser erreichen wir am Schwanbergweg, und durch das Rödelseer Tor geht es dann in die Altstadt, wo wir auf bekanntem Weg zurück zum Bahnhof gelangen.

WEINSELIGKEIT UND WEITSICHT

4

Volkach und die Mainschleife

Hoch über der Volkacher Mainschleife zieht sich der Wanderweg durch die Weingärten und lehrt uns Müßiggang – eine einzigartige Kombination aus Wandern, Besinnen und Genießen!

Früher gab es in Volkach einen eigenen Bahnhof. Es war die Endstation der Mainschleifenbahn, die in Seligenstadt bei Würzburg abzweigte und bis Volkach führte. Heute ist der ehemalige Bahnhof eine Bushaltstelle und die Mainschleifenbahn ein historischer Zug, der nur noch in den Sommermonaten verkehrt, wobei die Endhaltestelle heute am anderen Mainufer in Astheim liegt.

Über der Mainschleife

Wir starten am Alten Bahnhof in Volkach und halten uns links auf die Bahnhofstraße. Sie bringt uns zu einem Kreisverkehr und von dort links zur großen Mainbrücke. Einst überquerten hier nicht nur die Autos den Fluss, sondern auch die Bahngleise führten hier hinüber, die jedoch inzwischen abgebaut wurden. Auf der anderen Flussseite in Astheim treffen wir dann auf den Bahnhof der Mainschleifenbahn. Wir lassen ihn rechts liegen und biegen ca. 300 Meter weiter links in die Escherndorfer Straße ab. Dann wählen wir rechts die Blumenstraße und folgen nun der Beschilderung zur Vogelsburg. Links blicken wir über die besten Weinlagen Frankens auf Escherndorf und Nordheim vor dem Kreuzberg, den wir später noch besuchen werden. Diese zwei berühmten Weinorte sind durch die Mainschleife voneinander getrennt. Die aussichtsreiche Weinterrasse des Hotel-Restaurants Vogelsburg lockt zu einem ersten Schoppengenuss – im Selbstbedienungsbereich wird uns dieser Wunsch schnell und unkompliziert erfüllt, allerdings: Erarbeiten müssen wir uns den Weingenuss zunächst mit ein paar Stufen zur Burg hinauf.

Astheim über dem Main

Nach der gelungenen Wanderung kann man den Tag in Volkach ausklingen lassen.

Wandertipp

Ganz in der Nähe von Volkach liegt die Wallfahrtskirche Maria im Weingarten. Die auf das späte Mittelalter zurückgehende Ausstattung der Kirche ist weitgehend erhalten geblieben. Highlight: die Madonna im Rosenkranz, von Tilmann Riemenschneider um 1520 geschaffen. Auch dorthin kann man wandern.

Mit dem Fährmann

Wieder unten gehen wir schräg gegenüber auf den Steig und wandern steil nach Escherndorf hinab. Dabei staunen wir über die schöne Aussicht und genießen es, durch die herrlichen Weingärten zu flanieren. Nach ca. 800 Metern verlassen wir unseren Weg und steigen auf einem ganz schmalen Steig parallel zu den Rebstöcken steil nach unten. Wir stoßen auf die Straße nach Escherndorf, und folgen ihr in die Ortsmitte. Dort biegen wir links in die Straße An der Guß und erreichen geradeaus die Mainfähre, wo uns gegen eine kleine Gebühr der Fährmann nach Nordheim übersetzt – ein abwechslungsreicher Abschnitt auf unserer Wanderung!

Wer jetzt Hunger hat und eine Pause einlegen möchte, wird sicherlich in Nordheim fündig. Direkt an der Anlegestelle befindet sich z. B. an einem Wohnmobilstellplatz ein kleiner Badestrand mit Strandkörben – geradezu perfekt für eine mitgebrachte Brotzeit, es gibt aber auch ein kleines gastronomisches Angebot.

Tipp

Man kann auch nur die »Weininsel« zwischen Nordheim und Sommerhausen erwandern – viele neue tolle Aussichtspunkte wurden erst vor wenigen Jahren installiert: So gibt es u. a. eine Wein-Yoga-Schaukel und ein Weinkino, alles Rastpunkte mit Blick auf das weite Rebstock-Meer.

Über den Kreuzberg zur Hallburg

In Nordheim gehen wir zunächst geradeaus in die Zehnthofstraße, halten uns dann rechts in die Sommeracher Straße und folgen am Ortsende links der Beschilderung »2a« zur Panoramaplattform, dem Kreuzberg. Das Aussichtsrondell »terroir f« markiert den »Gipfel« über dem Meer aus Weinreben. Deshalb wird der Kreuzberg auch als »Weininsel in der Mainschleife« bezeichnet. Von dort schauen wir auf Nordheim, Astheim und Volkach, im Süden erheben sich die Doppeltürme der Benediktinerabtei Münsterschwarzach.

Bedeutende und wichtige Orte des Frankenweins, die noch dazu mit fantastischer Aussicht gesegnet sind, erhalten die Bezeichnung »terroir f«. Der Kreuzberg steht dabei unter dem Motto »Weinpersönlichkeiten«, wie sich an dem riesigen Panoramabild des Künstlers Bernhard Ziegler unschwer erahnen lässt.

Vom Kreuzberg erreichen wir in nordöstlicher Richtung die Hallburg mit ihrer langen Schlossmauer und dem schönen Weingarten, der zum Weingut des Grafen von Schönborn gehört.

Uferwege am Main

Nun geht es weiter abwärts bis zum Mainkanal. Wir überqueren diesen und steigen gleich links zum Kanalufer ab. Nach einiger Zeit vereint sich der Kanal wieder mit dem Main, und immer weiter dem Fluss folgend, bringt uns der Uferweg zurück zur Volkacher Mainbrücke. Jetzt ist es nur noch ein Katzensprung bis in die Volkacher Altstadt. Hier sitzen wir nach der Wanderung gemütlich in den Gassen und genießen eine kräftige Brotzeit mit einem Glas Wein. Sofern wir dann nicht die Nacht in Volkach verbringen, kehren wir auf dem Hinweg wieder zurück zum Alten Bahnhof.

Auch eine Schifffahrt zur Überquerung des Mains steht auf dem Programm.

mittel | 13 km | 250 Hm | 4 Std.

Auf einen Blick

Tourencharakter
Etwas längere sonnige Wanderung, meist auf bequemen breiten Wegen und kleinen Nebenstraßen

Ausgangs-/Endpunkt
Volkach

Anfahrt
Zahlreiche Busverbindungen von den Bahnhöfen Schweinfurt oder Würzburg bis Haltestelle Volkach-Bahnhof

Einkehr
Zu den Höhepunkten einer Frankenreise zählt ein Abendessen auf der Terrasse der Vogelsburg, wenn das warme Abendlicht den Wein im Glas golden leuchten lässt und die Weingärten langsam im Dunkel versinken. Weil wir nicht die einzigen sind, die das genießen wollen, ist eine Reservierung zu empfehlen (vogelsburg-volkach.de).

Weitere Informationen
volkach.de

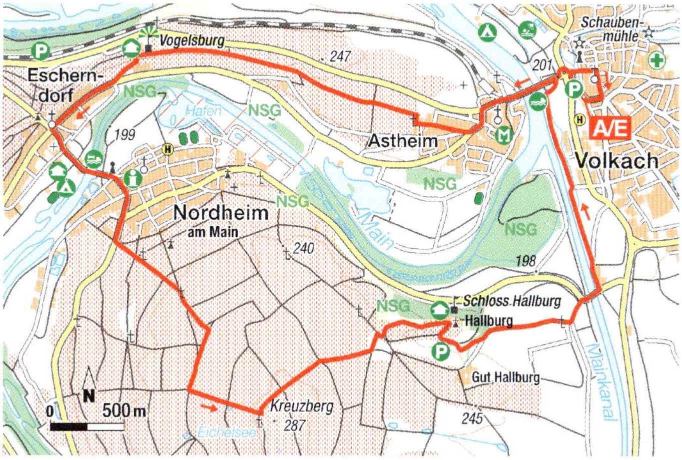

SOMMERFRISCHE UND UNESCO-WELTERBE

5

Bad Kissingen – Musterbad der Belle Époque

Künstler, Kaiser und viele illustre Gäste kurten um 1870 in Bad Kissingen. Von dieser Hochzeit ist in der Kurstadt heute noch immer viel zu spüren und zu finden. Heute zählt die Stadt neben u. a. Vichy in Frankreich, Montecatini Therme in Italien oder Marienbad in Tschechien zum UNESCO-Welterbe.

Der Weg vom kleinen Bauernbad zum mondänen Kurort des europäischen Hochadels war lang und mitunter steinig. Bekannt war das gesunde Wasser bereits im 9. Jahrhundert, als Kissingen noch als *Kizicha* bezeichnet wurde. Während des Mittelalters war der Ort eher unbedeutend, aber schon 1520 soll es einen ersten Kurgast gegeben haben.

Beliebte Heilquellen

In Bad Kissingen gab es mineralhaltige Quellen, und bereits die Römer kannten ein größeres Salzvorkommen in Hausen nördlich der heutigen Stadt – mit Salzsiedeanlagen wurde dort ab dem 16. Jahrhundert Salz gewonnen. Nach dem Dreißigjährigen Krieg verbreitete sich langsam das Wissen innerhalb der Bevölkerung über das gesundheitsfördernde mineralhaltige Heilwasser, und auch in Kissingen setzte der Kurbetrieb ein. Man wünschte sich eine Neugestaltung des Ortes, der sich mit dem böhmischen Karlsbad messen sollte, und kein Geringerer als der berühmte Baumeister Balthasar Neumann wurde mit der Planung beauftragt. Kissingen wurde nun völlig modernisiert und im Zuge dessen sogar die Fränkische Saale nach Südwesten verlegt. Dabei entdeckte man die Rakoczi-Quelle und die Pandur-Quelle neu bzw. wieder – sie wurden gefasst und nach einer Analyse durch den Apotheker Georg Anton Boxberger als Heilwasser erkannt.

Tipp

Am Gradierwerk befinden sich auch der Runde Brunnen, eine moderne Installation, und, etwas weiter nördlich davon, die Obere Saline, in der Reichskanzler Otto von Bismarck während seiner Kuraufenthalte residierte (Museum geöffnet Mi–So 14–17 Uhr).

Gekrönte Häupter

Unter König Ludwig I. stieg das Bad zum Kurort von Weltrang auf. 1814 verzehnfachte sich die Zahl der Kurgäste auf 2200 pro

Malerische Flusslandschaft an der Fränkischen Saale

Otto von Bismarck wohnte während seiner Kuraufenthalte etwas abseits der Stadt.

Wasserspiele im Rosengarten

Auch in Bad Kissingens Altstadt ist einiges geboten.

Das große Gradierwerk wird auf dieser Tour besucht.

Jahr, und spätestens mit dem Anschluss an das Eisenbahnnetz 1871 reisten dann Menschen aus aller Welt an. Bad Kissingen darf auf eine illustre Gästeliste blicken, darunter viele gekrönte Häupter wie König Otto I. von Griechenland, Zar Alexander II. und der Märchenkönig Ludwig II. Auch Kaiserin Elisabeth von Österreich (Sisi) kurte zwischen 1862 und 1898 mehrmals unter ihrem Decknamen Gräfin von Hohenems in der Stadt, das letzte Mal gemeinsam mit ihrem Ehemann Kaiser Franz Joseph. Dazu kamen bekannte Künstler, Maler, Musiker, Schriftsteller, Politiker, Firmenbesitzer sowie reiche Kaufleute aus aller Herren Länder. Zu den bekanntesten zählen Reichskanzler Fürst Otto von Bismarck, Theodor Heuss, Theodor Fontane, Leo Tolstoi, Richard Strauss, Max Liebermann, Adolph Menzel, Walter Gropius, Alfred Nobel und Graf Zeppelin. Der Kurbetrieb brachte der Stadt Wohlstand und Reichtum.

Doch wie es der Lauf der Geschichte so will, endet alles abrupt mit dem Ersten Weltkrieg. Den kleinen Aufschwung danach erstickte der Zweite Weltkrieg im Keim. Erst später waren Kuren wieder möglich, je nach Krankenkassen-Reform mal mehr, mal weniger. Die 2004 eröffnete KissSalis Therme holte viele Gäste zurück in die Stadt, und mit der Ernennung zum UNESCO-Weltkulturerbe wandelte sich Bad Kissingen erneut.

Heute profitiert die Stadt als bayerisches Juwel der europäischen Bädertradition von ihren wunderschönen Bauten aus der Glanzzeit der Kur, und Kurgärten und Straßencafés sind wieder voller Leben.

Feudale Bauten und prächtiger Kurgarten

Schon das Bahnhofsgebäude von Bad Kissingen versprüht eine gewisse Grandezza, die weit über einen normalen Zweckbau hi-

Kurpark und Rosengarten verlocken zu einer Pause.

Tipp

Wer die historischen Gebäude und Kuranlagen besichtigen möchte, kann das im Rahmen einer Führung oder auf eigene Faust machen (immer gegen Gebühr). Startplatz ist der Regentenbau (geöffnet täglich 10–17 Uhr; Tickets an der dortigen Tourist-Info). Die Bad Kissinger Tourist-Info bietet zudem noch weitere spannende Themenführungen an, z. B. das interessante Heilwasser-Tasting mit einer der Brunnenfrauen.

nausgeht. Wir können direkt von dort zu Fuß in die Altstadt starten. Dafür steigen wir vom Bahnhof über die vielen Treppenstufen durch die Grünanlage hinunter, queren die Friedrich-Ebert-Straße und wenden uns dann rechts in die Kurhausstraße. Kurz vor dem Reha-Zentrum endet die Straße für den öffentlichen Verkehr; hier biegen wir links ein und erreichen die Saale. Ohne sie zu queren, folgen wir der Lindesmühlpromenade durch die Parkanlagen.

Die Kurbauten werden immer feudaler, und schließlich treffen wir von Süden kommend auf die große Brunnen- und Wandelhalle. Ein Blick oder sogar eine Führung zu den Brunnenfrauen ist sehr empfehlenswert. Dahinter gelangen wir in den prächtigen Kurgarten mit dem großen Regenten-

leicht | 6 km | 20 Hm | 2 Std.

Auf einen Blick

Tourencharakter
Einfacher Stadtspaziergang (ca. 2 km). Die kleine Wanderung entlang der Saale zu Saline und Gradierwerk (hin und retour ca. 4 km) kann auch ausgelassen werden.

Ausgangs-/Endpunkt
Bad Kissingen

Anfahrt
Über Würzburg und Fulda mit Regionalzügen über Schweinfurt oder Gemünden nach Bad Kissingen

Einkehr
Am Wochenende gibt es bei schönem Wetter ein Museumscafé in der Oberen Saline. Ein uriges Wirtshaus ist das Bratwurstglöckle (bratwurstgloeckle-badkissingen.de). Sehr nett sitzt man in Körners Wirtschaft (körners-wirtschaft.de).

Weitere Informationen
- *badkissingen.de*

und Arkadenbau, dem Rossinisaal und dem Maxbrunnen, die vom bayerischen Hofarchitekten Friedrich von Gärtner erbaut wurden. Schon hier wäre es schön zum Sich-Niederlassen, die Wasserspiele der Brunnen haben eine entspannende Wirkung. Der Kurgarten ist fast immer frei zugänglich, während der Kurkonzerte dürfen allerdings nur Übernachtungsgäste mit Kurkarte hinein.

Das historische Pumpwerk an der Fränkischen Saale

Durch Auenlandschaft zum Gradierwerk

Hinter dem Regentenbau stehen wir an der Ludwigsstraße, der Prachtstraße von Bad Kissingen, die hier über die Saale führt. Genau auf der anderen Seite liegt der Rosengarten mit seinem großen Springbrunnen: Im Sommer blühen über 150 Rosensorten und verwandeln die Anlage in ein wahres Duft- und Farbenmeer.

Wir folgen nun der Salinenpromenade entlang der Fränkischen Saale und streben Richtung Norden. Langsam wird es etwas schattiger, denn mächtige Bäume säumen unseren Weg. Wir erreichen das Bismarck-Denkmal – Otto von Bismarck war mehrmals Kurgast in der Stadt, in der sogar ein Attentat auf ihn verübt wurde – und haben unseren Spaziergang nun fast schon geschafft: Kurz hinter dem Kneippareal mit dem Tretbecken stehen wir vor dem Gradierwerk bei Hausen. In diesem imposanten Bauwerk rieselt mineralhaltiges Heilwasser über Reisigbündel. Dabei verdunstet überraschend viel Wasser, und die Salzkonzentration in der umgebenden Luft steigt an, weshalb diese als besonders gesundheitsfördernd gilt. Ein guter Platz für ein längere Pause, denn erst dann entfaltet sich die heilsame Wirkung. Zum Glück stehen Ruhebänke bereit.

Am Gradierwerk haben wir den Wendepunkt unserer Wanderung erreicht. Wer möchte, kann von hier mit dem Schiff zurückfahren (jedoch nur in den Sommermonaten in Betrieb). Unweit des Gradierwerks oder am Museum startet zudem ein Bus zurück in die Altstadt, jedoch war der Hinweg nicht beschwerlich weit, und so können wir auch zu Fuß zurückwandern.

Altstadt-Spaziergang

In Bad Kissingen fehlt nur noch ein Gang durch die Altstadt, die man gut von der Schiffsanlegestelle am Rosengarten erreicht. Dafür spazieren wir nach Westen, queren die Theresienstraße und folgen der Bachstraße zum Rathausplatz an der St.-Jakobus-Kirche (diese überrascht mit wunderbar zartem Stuck in ihrem Inneren). Die Kirchgasse bringt uns zur Marktstraße und damit zum Marktplatz mit dem Alten Rathaus. In diesem Viertel gibt es die meisten Einkaufsmöglichkeiten und zahlreiche Eisdielen, Gaststätten, Pizzerien, Cafés und Weinstuben – der Genuss soll beim Kuren ja nicht zu kurz kommen!

Zurück auf der Ludwigsstraße spazieren wir zur Ludwigsbrücke, biegen dann aber hinter dem Regentenbau in die Promenade entlang der Saale ein. Am nächsten Steg, dem Arkadensteg, queren wir den Fluss, bewundern noch das prächtige Spielbank-Gebäude und das Maximilian-Denkmal. Dort halten wir uns in Flussnähe. Hinter dem Spielcasino beginnt der Luitpoldpark mit seinem Klanggarten, dem Barfuß-Labyrinth und der Kneipplandschaft. Vor lauter Attraktionen dürfen wir nicht übersehen, am Sannersteg wieder ans Ostufer der Saale zu wechseln – hier waren wir schon beim Hinweg in die Stadt, und von hier kehren wir wieder auf bekanntem Weg zum Bahnhof zurück.

Abkürzung

Wer keine Lust auf einen Rückweg zu Fuß hat, kann ab dem Gradierwerk mit dem »Dampferle« zum Rosengarten in die Stadtmitte zurückfahren. Die beiden kleinen Ausflugsschiffe sind von Ostern bis Oktober täglich auf der Fränkischen Saale unterwegs.
■ *saaleschiffahrtgmbh.de*

HEILIGER BERG DER FRANKEN

6

Auf den Kreuzberg

Bekrönt von drei Kreuzen und bestückt mit einer Wallfahrtskirche und einem nicht weniger berühmten Klosterbräu gilt der Kreuzberg als der schönste Aussichtsgipfel in der Fränkischen Rhön. Auf unserem Weg durch das Biosphärenreservat Rhön erleben wir zudem einzigartige Naturschätze in Hülle und Fülle.

Vom malerischen Marktplatz in Bischofsheim starten wir in die Löwenstraße, die uns direkt zur Kreuzbergstraße bringt. Wir folgen ihr ein kurzes Stück nach links, halten uns dann aber an der Weggabelung rechts in den Zentweg, der uns an der Kreuzberger Grundschule vorbei aus dem Ort führt. Der Kreuzberg ist hier ausgeschildert. Kurz nach der Schule halten wir uns rechts und folgen dem ansteigenden Wanderweg entlang einer Baumreihe. Bald darauf queren wir die Fahrstraße, und ein Feldweg bringt uns weiter aufwärts und quert erneut die Straße. Dahinter geht es im Wald weiter, und bald folgen wir der Beschilderung zum Kreuzberg in einer Spitzkehre nach links und erreichen die Ruine Osterburg.

Sonniger Anstieg

Von der Burgruine steigen wir leicht abwärts und wandern nun parallel zur Fahrstraße weiter. Wir überqueren kurz darauf die Zufahrtsstraße zu einem Wanderparkplatz und bleiben jetzt geradeaus, um weiterhin mit etwas Abstand der Fahrstraße zu folgen. Auf Höhe einer Feriensiedlung kommen wir zu einer Straßenkreuzung – wir queren die abbiegende Fahrstraße nach Oberwildflecken, bleiben somit unserer ursprünglichen Richtung treu und wandern immer weiter bergauf, bis wir nach einem kleinen Waldstück etwas oberhalb des großen Kreuzberg-Parkplatzes wieder auf die Straße treffen. Nun sind es nur noch wenige Schritte bis zum Kloster Kreuzberg.

Klostergebäude auf dem Kreuzberg

Die drei Kreuze markieren das Ende des Pilgerwegs.

Tipp

Bischofsheim ist eine für die Rhön typische Kleinstadt mit einem von hübschen Fachwerkhäusern gesäumten Marktplatz. Ein Großteil der Stadtmauer ist gut erhalten, vor allem der mächtige Zentturm. Der Ort eignet sich hervorragend für weitere Wanderungen im Naturpark Rhön.
■ *bischofsheim-rhoen.de*

Heiliger Kreuzberg

Der Legende nach soll 686 der Heilige Kilian auf dem Kreuzberg gepredigt haben. Wahrscheinlich gab es aber schon in vorchristlicher Zeit eine Kultstätte auf dem Berg. Seit dem 17. Jahrhundert leben dort Franziskaner in einem Kloster, die Brauerei gehörte über Jahrhunderte hinweg selbstverständlich dazu. Das Kloster war immer Wallfahrtsort, und auch heute noch pilgern die Gläubigen aus allen Himmelsrichtungen auf den Berg. Wobei einige von ihnen primär das Bräustüberl ansteuern werden, aber auch das macht Sinn, denn von dem Erlös des Bräustüberls leben die Patres des Klosters.

Nach dem Klosterbiergarten-Besuch wollen wir natürlich auch auf den Gipfel steigen: Direkt gegenüber der Tourist-Info (im Bruder-Klaus-Haus) beginnt der steile Treppenaufstieg, und wenige Minuten später ist es geschafft und wir stehen an den berühmten drei Kreuzen, die der Fürstbischof Julius Echter im Rahmen der Gegenreformation aufstellen ließ und die zu einem Wahrzeichen der Rhön geworden sind. Die Aussicht von hier oben ist einfach grandios, und mit Sicherheit ist das der schönste Platz für eine Pause!

Abstieg über das Neustädter Haus

Im Anschluss an die Rast können wir noch die Sendeantenne umrunden, um die Aussicht in alle Richtungen zu genießen. Alternativ steigen wir von den drei Kreuzen noch etwas höher und halten uns dann links. Der Weg wendet sich nach Norden, und wir wandern mit schöner Aussicht über einen Wiesenrücken bis zum oberen Ende des Dreitannenlifts. Hier schwenkt der Weg nach rechts und führt oberhalb der Gemündener Hütte durch den lichten Wald (Markierungen »K« und »Neustädter Haus«).

Jetzt wandern wir immer weiter abwärts bis zum Neustädter Haus, das leider nicht mehr bewirtschaftet wird (dafür gibt es hier einen Kletterwald). Am Parkplatz geht es nun links weiter abwärts Richtung Bischofsheim. So passieren wir die Talstation des Dreitannenlifts und erreichen kurz darauf den Ortsteil Haselbach, den wir nach rechts durchqueren, um so schnell wieder zum Markt von Bischofsheim zu gelangen.

Wandertipp

Die Wanderung kann man ganzjährig unternehmen, nur nach starkem Schneefall sollte davon abgesehen werden.

Stärkung im Klosterbiergarten

Frühlingsluft über Bischofsheim in der Rhön

mittel | 14 km | 500 Hm | 4:30 Std.

Auf einen Blick

Tourencharakter
Die Besteigung des Kreuzbergs ist eine kleine Bergtour über meist naturbelassene, aber gut gepflegte Wege.

Ausgangs-/Endpunkt
Bischofsheim in der Rhön

Anfahrt
Mit der Bahn von Schweinfurt nach Neustadt an der Saale und weiter mit Bus 8305 nach Bischofsheim bis Haltestelle Marktplatz

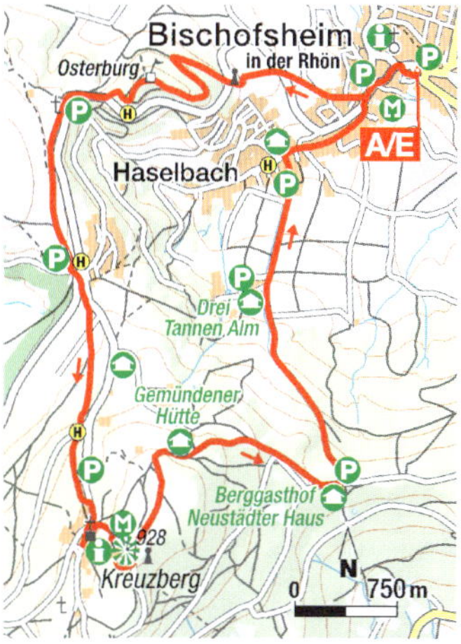

Einkehr
Nicht versäumen sollten wir die klösterliche Einkehr in der gar nicht so streng klösterlichen Schänke am Gipfel des Kreuzbergs – hier wird die jahrhundertealte Tradition »Glauben und genießen« gelebt mit selbst gebrautem Kreuzbergbier und deftiger fränkischer Küche.

Weitere Informationen
■ *kloster-kreuzberg.de*

FRÄNKISCHES SCHMANKERL

7

Coburg und seine Schlösser

Ganz im Nordosten Bayerns liegt die ehemalige Residenzstadt Coburg, die viel Typisches der fränkischen Kultur in sich vereint: malerische Fachwerkhäuser, prächtige Burgen und Schlösser, gepaart mit viel Lebenslust vor allem in puncto Kulinarik.

Kaum in Coburg angekommen, fällt den Besuchern die Veste Coburg ins Auge, eine historische Burganlage aus dem späten Mittelalter. Wir wollen sie mit einem Spaziergang durch die Altstadt besuchen.

Prunkvolles rund um den Marktplatz

Dafür gehen wir über den Bahnhofsplatz, der zur Bahnhofstraße wird. Auf ihr erreichen wir den Fluss Itz, der vom Thüringer Schiefergebirge herkommend bei Breitengüßbach in den Main fließt. Viele der Häuser, die unsere Straße säumen, sind kleine Villen – als Residenzstadt wollten auch die Bürger zeigen, was sie besitzen. Ohne die Itz zu queren, geht es nach rechts, und wir folgen dem Fluss zur Mohrenstraße. Auf ihr durchqueren wir nach links die rechtwinklig angelegte Neustadt und erreichen über die Spitalgasse am Spitaltor die Altstadt mit ihrem prächtigen Marktplatz. Um das Standbild von Prinz Albert, einem waschechten Coburger und späterem Gemahl der englischen Königin Victoria, drängen sich zahlreiche Verkaufsstände. Im Stadthaus mit seinen verzierten Giebeln war die Verwaltung des Herzogtums untergebracht. Ihm gegenüber steht das nicht minder prunkvolle Rathaus, dazwischen plätschern Brunnen, in den Straßencafés herrscht ein lebendiges Treiben.

Tipp

Jeden Mittwoch und Samstag findet vor dem Rathaus ein bunter Wochenmarkt statt.

Schlossplatz und Veste

Für das richtige Franken-Feeling sorgen aber auch die windschiefen Fachwerkhäuser, die sich zwischen die Prachtbauten mischen. Auf noch mehr von ihnen stoßen wir, wenn wir uns ins Gassengewirr stürzen. Mit dem Münzmeisterhaus in der Ketschengasse treffen wir so auf eines der ältesten Fachwerkhäuser Frankens. Die Neugasse bringt uns zur Morizkirche, die man wirklich nur mit Z schreibt. Ganz in der Nähe befinden sich der Schlossplatz und das Schloss Ehrenburg, die ehemalige Residenz der Herzöge von Sachsen.

Um die Veste zu erreichen, spazieren wir durch den riesigen Hofgarten und betreten durch das gewaltige Südtor die ehemalige

Nur ein einziges Foto von Coburg wird dieser Stadt kaum gerecht!

Wehranlage, in der heute Museumsbauten integriert sind.

Nach dem Besuch der Veste geht es auf dem Hinweg entweder zu Fuß oder mit dem Bus zurück zum Bahnhof Coburg.

Schmankerltipp

Eines sollte man auf keinen Fall versäumen: die Coburger Bratwürste, die über offenem Feuer mit Kiefernzapfen ziemlich dunkel gebraten werden. An einem der Stände am Marktplatz schmecken sie (mit oder ohne Senf) am besten.

leicht beliebig

Auf einen Blick

Tourencharakter
Gemütlicher Stadtspaziergang durch Coburg. Wer zur Veste hinauf will, legt gut 150 Hm zurück.

Ausgangs-/Endpunkt
Coburg

Anfahrt
Mit der Bahn (ICE) nach Coburg. Zur Veste fährt auch ein Bus, falls es zu Fuß zu weit sein sollte.

Einkehr
Café Schubart (cafeschubart.de), Coburgs älteste Konditorei. Im Brauhaus zu Coburg (brauhaus-coburg.de) erlebt man fränkische Bierbrautradition. Probieren sollte man den Coburger Rutscher, z. B. im Gasthaus Goldenes Kreuz (goldenes-kreuz-coburg.de).

Noch wichtig
Schloss Ehrenburg kann man das ganze Jahr über zur vollen Stunde mit Führungen besichtigen (in den Sommermonaten länger geöffnet, Mo geschlossen; schloesser-coburg.de).
Veste Coburg: Die Fülle an Bauten ist groß, und mit den beiden Kunstsammlungen ist es am besten, sich einer Führung anzuschließen oder den Audio-Guide auszuleihen. Die Burganlage ist ebenfalls ganzjährig geöffnet, im Winter nur am Nachmittag (veste.kunstsammlungen-coburg.de).

Weitere Informationen
■ *coburg.de*

Sagenumwobenes Felsplateau

8

Von Vierzehnheiligen auf den Staffelberg

Das Dreigestirn von Wallfahrtsbasilika Vierzehnheiligen, Kloster Banz und Staffelberg überragt den Kurort Bad Staffelstein. Das Tal wird auch »Gottesgarten am Obermain« genannt. Unser Ausflug führt zu zweien dieser Highlights: von Vierzehnheiligen auf den Berg der Franken.

Dabei macht es durchaus Sinn, auf dieser Tour antizyklisch unterwegs zu sein, also in den frühen Morgenstunden oder unter der Woche, denn völlig einsam ist man hier nie. Der Staffelberg ist als »Berg der Franken« bekannt und deshalb nicht nur bei Einheimischen beliebt.

Auf Pilgerwegen

Für die Wanderung auf den Staffelberg starten wir an der Wallfahrtskirche Vierzehnheiligen und folgen der geteerten Zufahrtsstraße noch ein Stück bergauf, vorbei an der Klosterbrauerei Trunk. Den einladenden Biergarten ignorieren wir vorerst und heben ihn uns lieber für das Ende der Tour auf. Gleich hinter dem Brauereigebäude biegen wir rechts auf den Wanderweg ein und folgen der Beschilderung Richtung Staffelberg. Hier sind wir zudem auf dem Fränkischen Jakobsweg unterwegs. In einem Waldstück steigt der Weg kräftig an, Felsbrocken und Wurzeln überziehen den Pfad, der damit schon fast einen alpinen Charakter annimmt. Ja, der Staffelberg ist ein echter Berg!

Oben stoßen wir dann auf einen breiteren Feldweg, dem wir nach rechts folgen, wobei er bald nach links schwenkt. So wandern wir auf einem Panoramaweg über die Hochebene direkt auf den Staffelberg zu

Nur wer ganz früh oder spät zur Wanderung aufbricht, darf den Staffelberg einsam erleben.

Sonnenuntergang am Heiligen Berg der Franken

Das Fachwerk-Rathaus in Bad Staffelstein

Tipp

Wer schon immer mal wissen wollte, wo der Begriff »Nach Adam Riese« herkommt, besucht Bad Staffelstein, die Stadt, in der der berühmte Mathematiker 1492 oder 1493 geboren wurde. Malerische Fachwerkhäuser, die schöne Therme Obermain sowie das nahe Kloster Banz verführen zu einem längeren Aufenthalt.

und genießen dabei immer wieder eine freie Sicht auf die Mainebene. Schließlich führt uns der Wanderweg nach links und das letzte Stück steiler hinauf zur Staffelberg-Klause und zur Adelgundiskapelle.

Scheffel und der Staffelberg

»Zum heil'gen Veit von Staffelstein, komm ich empor gestiegen ...«, so klingt es in der vierten Strophe des Frankenlieds, das Victor von Scheffel, der große Erzähler und Dichter des Biedermeiers, 1859 während eines Urlaubs in Banz verfasste. Das Gedicht, zwei Jahre später vertont, wurde inzwischen zur inoffiziellen fränkischen Landeshymne. Und dieser tut es keinen Abbruch, dass es weder einen Staffelstein noch einen Heiligen Veit gibt – der Berg heißt eindeutig Staffelberg, und die Kapelle auf seiner Hochfläche ist der Heiligen Adelgundis geweiht und nicht dem Heiligen Veit.

So ein Berg mit weiter Aussicht über das Maintal blieb schon in Urzeiten nicht unentdeckt, wie Funde aus der Steinzeit vor 7000 Jahren, Befestigungen aus der Zeit der Kelten und Reste einer germanischen Burg aus den letzten Jahren der Römerzeit zeigen. Seither war der Staffelberg kontinuierlich besiedelt. Aus der Einsiedlerklause, die Scheffel in seinem Gedicht erwähnt, ist inzwischen eine Wirtschaft mit Biergarten, die Staffelberg-Klause, geworden, in der an schönen Tagen mehr als 500 Gästen fränkische Spezialitäten und köstlich frisches Bier serviert werden.

Tipp

Statt einer Rundtour kann man auch gleich zu Beginn die Basilika Vierzehnheiligen besuchen, um dann nach dem Staffelberggipfel direkt nach Bad Staffelstein abzusteigen.

Aussichtsfreuden

Bevor wir uns in der Klause für eine Rast niederlassen, wollen wir das weite Gipfelplateau inspizieren. Deshalb biegen wir rechts auf den Wiesenpfad ein, der uns zu den Felsstufen an der Nordostkante, dem eigentlichen Gipfel des Staffelbergs, bringt. Jetzt aber Augen auf und die weite Aussicht genossen: Unter uns liegen Bad Staffelstein und die Mainebene, auf der anderen Seite sehen wir das Kloster Banz und im Dunst am Horizont die Hügel der Haßberge und der Rhön. Wer sich ganz an den Rand der Felsenstufen, der Staffeln, wagt, sollte schwindelfrei sein, denn sie fallen senkrecht ab.

Abstieg über Wolfsdorf

Nach Schaugenuss und Rast steigen wir ein Stück auf dem Hinweg hinab bis zur beschilderten Abzweigung in das Romansthal. Hier halten wir uns links und wandern steil bergab zum Wanderparkplatz am Ortsrand. Dort biegen wir scharf rechts in die anfangs geteerte Straße ein und folgen den Beschilderungen »Hase« und »Wolfsdorf« in östlicher Richtung.

Unser Weg wird wieder zum Feldweg und führt an von Wildhecken gesäumten Wiesen entlang. Nach einem Waldstück wendet sich der Weg nach links, und wir wandern abwärts bis kurz vor Wolfsdorf. Dort mündet unser Weg in eine querende Straße – auf ihr geht es nach rechts zum Waldrand, wo wir auf dem alten Pilgerweg zurück nach Vierzehnheiligen wandern.

mittel | 11 km | 250 Hm | 3 Std.

Auf einen Blick

Tourencharakter
Rundtour auf breiten Wanderwegen zum Staffelberg mit Besichtigungsmöglichkeit der Wallfahrtskirche Vierzehnheiligen. Zu Beginn und am Ende der Wanderung sind zwei kleinere Steigungen zu bewältigen.

Ausgangs-/Endpunkt
Basilika Vierzehnheiligen in Bad Staffelstein

Anfahrt
Mit der Bahn nach Lichtenfels und weiter mit dem Stadtbus 1212 bis Vierzehnheiligen

Einkehr
Direkt am Staffelberg liegt die Staffelberg-Klause mit ihrem netten Biergarten (im Sommer Di Ruhetag, im Winter nur Fr/Sa/So geöffnet); an der Wallfahrtskirche Vierzehnheiligen gibt's den Brauereigasthof Trunk (brauerei-trunk.de) und den Gasthof Stern.

Weitere Informationen
bad-staffelstein.de

Kirchenkunst in Vierzehnheiligen

Das Kloster und seine Kirche wollen wir natürlich noch besichtigen. Die Wallfahrt geht auf eine Erscheinung Mitte des 15. Jahrhunderts zurück. Sie löste eine Wallfahrt aus, die zunächst immer bedeutender wurde, dann aber, bedingt durch Reformation und Dreißigjährigen Krieg, fast verschwand. Die Zisterzienser im nahen Langheim, auf deren Grund Vierzehnheiligen lag, wollten die Wallfahrt wieder zum Leben erwecken, und ließen durch Balthasar Neumann, den bekanntesten Baumeister seiner Zeit, eine neue Wallfahrtskirche errichten, die alle Gotteshäuser in naher und weiter Umgebung übertraf. Die Sensation war der Gnadenaltar der Kirche, der mit seinen vierzehn Heiligen zentral in der Mitte des Gotteshauses steht. Das war damals so einzigartig, dass daraufhin die Pilger hierher strömten und die Wallfahrt heute lebendiger denn je ist.

Von allen Seiten ist der Gnadenaltar in Vierzehnheiligen zugänglich.

Wallfahrtskirche und Burgruine

9

Über den Gügel zur Giechburg

Daran darf man einfach nicht vorbeiwandern: Von den bewaldeten Ausläufern der Fränkischen Schweiz blicken eine mächtige Burg und, mit etwas Abstand, eine Kirche auf Scheßlitz hinunter. Sie sind die Ziele unserer Wanderung, bei der wir auch die deftige fränkische Küche kennenlernen.

Bis 1988 konnte man Scheßlitz direkt mit dem Zug erreichen, und zwar auf der Nebenstrecke von Bamberg nach Hollfeld. Diese wurde jedoch stillgelegt, und so steigen wir heute auf der Hauptstraße aus dem Bus und stehen mitten in der gemütlichen Scheßlitzer Altstadt.

Zur Marienkapelle

Wir starten an der Scheßlitzer Hauptstraße am Marienbrunnen neben dem Alten Rathaus, wählen die Straße Schwemme, passieren das Neue Rathaus und wenden uns am Ende nach links in die große Straße Altenbach. Ihr folgen wir bis zum Gügelweg, in den wir rechts abbiegen. Erneut stoßen wir auf eine Kreuzung, biegen hier links in die Straße Am Kreuzschleifer und wenden uns nach ca. 50 Metern rechts in den Andechsweg. Das Scheßlitzer Ortsende ist erreicht und wir wandern nun auf einem von einer Baumreihe begrenzten Wiesenweg nach Süden, überqueren dabei eine Feldstraße und können auf einer Bank neben der Marienkapelle eine erste Rast machen. Unsere Ziele, die Giechburg und der Gügel, sind von hier schon zu erkennen.

Auf Waldwegen …

Jetzt wandern wir leicht abwärts zum Seiterbach, überqueren ihn und kommen leicht ansteigend an eine breite Straße, der wir nach links folgen. Nach einem Strommast, zu dem wir später zurückkommen werden, biegen wir bei der ersten Gelegenheit rechts in den Wald hinein ab. Kurz bevor die Straße ansteigt, nehmen wir den Wanderweg nach links. Die vielen Wanderwegweiser bei der Abzweigung beweisen uns, dass dieser Weg auch unter Fernwanderern sehr beliebt ist.

Durch herrlichen Laubwald kommen wir zu einer weiten Lichtung und biegen vor ihr links ab. (Das Schild »Privatweg« irritiert etwas, gemeint ist wohl ein kaum sichtbarer Trampelpfad quer über die Lichtung.) Nach wenigen Metern erreichen wir den großen Parkplatz der Giechburg und überqueren sowohl ihn als auch die Zufahrtsstraße.

… zur Wallfahrt

Unser erstes Ziel ist die Wallfahrtskirche Gügel, und so folgen wir dem alten Wallfahrtsweg. Zuerst leicht ansteigend im Wald und dann über eine weite Wiese vereinigt

Die Giechburg und ihr großer Innenhof

Hinter der Wallfahrtskirche am Gügel drehen sich Windräder.

Fachwerkhaus in Scheßlitz

Herrlich naturbelassene Wege erwarten uns heute.

mittel | 9,5 km | 250 Hm | 3.30 Std.

Auf einen Blick

Tourencharakter
Die Wanderung ist gut ausgeschildert – allerdings führen sehr viele verschiedene Wege zum Ziel, und man darf sich von den zahlreichen Wegweisern nicht verwirren lassen. Wir wandern weitgehend über Feldwege und Pfade mit viel Schatten; den einzigen steileren Anstieg bei der Wallfahrtskirche können wir auch leicht umgehen.

Ausgangs-/Endpunkt
Scheßlitz

Anfahrt
Mit der Bahn (ICE) nach Bamberg und weiter mit Regionalbussen 969 oder 963 nach Scheßlitz bis Haltestelle Kilianskirche (Sa/So nur eingeschränkter Busbetrieb!)

Einkehr
Der Burggasthof Giechburg bietet beste fränkische Küche (Mo/Di Ruhetage, je nach Jahreszeit nur bis 17/18 Uhr geöffnet; giechburg-gaststaette.de). In Scheßlitz: Gasthof Goldener Anker beim Alten Rathaus (goldener-anker.net)

Weitere Informationen
■ *schesslitz.de*

er sich mit dem Weg zur Giechburg, den wir später begehen werden. Am Ende der Wiese sind wir wieder im Wald, wo sich der Weg verzweigt. Beide Wege führen ans Ziel – der steilere Ast führt an der Südseite der Kirche vorbei. Gemütlicher, aber länger wird es, wenn wir dem breiten Weg nach links folgen, der uns zu dem großen freien Platz an der Ostseite der Kirche bringt. Die hochgelobte fränkische Wirtschaft Gügel ist leider wegen Renovierungsarbeiten nicht mehr geöffnet – man kann nur hoffen, dass das »Dauerhaft geschlossen«-Schild irgendwann wieder verschwindet, denn die Lage hier oben auf der Anhöhe ist wunderschön.

Ungewöhnlich und mit Seltenheitswert

So möchten wir uns jetzt natürlich vor allem die Kirche ansehen. Sie thront so hoch auf einem Felsen, dass man sich schon wundert, wie man diese dort erbauen konnte. Ursprünglich stand hier einst eine Burg mit einer Kapelle, die dem Heiligen Pankratius geweiht war. Die Burg verfiel, und auch die Kapelle wurde mehrmals zerstört, aber immer wieder neu aufgebaut, zuletzt 1610. Der Eingang liegt etwas versteckt bei einem großen Felsen an der Südseite.

Wir kommen als Erstes in die Unterkirche, die als Lourdeskapelle gestaltet ist. Von ihr geht es über eine steile und schmale Treppe aufwärts in die eigentliche Wallfahrtskirche. Der frühbarocke Hochaltar zeigt noch Einflüsse der Renaissance. Interessant ist vor allem der linke Seitenaltar, auf dem eine gekreuzigte Person zu sehen ist, die ein kostbares Gewand trägt. Man könnte vermuten, es sei die Darstellung des gekreuzigten Jesus, der ein königliches Gewand trägt, jedoch zeigt die Figur Wilgefortis (»starke Jungfrau«). Die Darstellung geht auf eine Legende zurück, in der sich die christlich gewordene Tochter eines heidnischen Königs gegen eine erzwungene Heirat geweigert hatte. Sie bat Gott, sie zu entstellen, um ihrer Heirat zu entgehen. Als ihr daraufhin ein Bart wuchs, ließ sie der erzürnte Vater ans Kreuz schlagen. Im Mittelalter waren diese Darstellungen sehr häufig, sind aber inzwischen zur Seltenheit geworden.

Zur Giechburg

Nach dem Besuch der Kirche wollen wir die Giechburg erkunden. Der bestens ausgeschilderte Weg führt uns zunächst zu der schon bekannten Abzweigung zurück. Hier gehen wir jetzt geradeaus weiter und erreichen so in einer Schleife die Giechburg, die als fränkische Festung im frühen 12. Jahrhundert von den Grafen von Giech erbaut wurde. Später gelangte sie in den Besitz der Fürstbischöfe von Bamberg. Eine steil ansteigende Straße führt uns zum Torhaus und in den Burghof. Den Platz beherrscht auf der Ostseite der mittelalterliche Bergfried, und von den Eckrondellen blicken wir weit über das Land und auch zum recht bescheiden wirkenden Turm der Wallfahrtskirche Gügel hinüber. Auf der Westseite finden wir die Gaststätte Giechburg, in der wir nun zum Finale einkehren können, um die hervorragende fränkische Küche zu verkosten.

Tipp

Einmal im Jahr ist »Kerwa« (Kirchweih) in Scheßlitz. Das beliebte Fest findet jedes Jahr am letzten Augustwochenende statt. Es beginnt freitags in den Gasthäusern, samstags gibt es dann einen Kirchweihfestzug mit dem Höhepunkt des Kirchweihbaum-Aufstellens, und anschließend wird bei gutem fränkischem Bier im Festzelt kräftig gefeiert.

Rückweg nach Scheßlitz

Für den Rückweg verlassen wir die Burg auf der Burgstraße und wandern zum Parkplatz Giechburg hinab. Auf dem schon bekannten Weg geht es nun durch den Wald zurück zu der Fahrstraße, von der wir beim Hinweg abgebogen sind. Wir überqueren sie und erreichen am großen Strommast wieder unsere Straße mit der Abzweigung über den Seierbach. Die Kapelle am Weg lässt uns ein letztes Mal den Wanderweg zurückverfolgen, dann kehren wir entweder auf demselben Weg zum Ausgangspunkt zurück oder wir erkunden nach Lust und Laune noch Scheßlitz.

TRADITION UND MODERNE AM MAIN

10

Kulmbach – die Bierstadt Frankens

Die bezaubernde Stadt Kulmbach in Oberfranken weist eine reiche Geschichte auf und zeigt eine beeindruckende Festung, die Plassenburg. Die Stadt wird oft als »heimliche Hauptstadt des Bieres« bezeichnet, da sie eine lange Brautradition hat und als Geburtsort des berühmten Kulmbacher Bieres gilt.

Wer mit der Bahn von Bamberg nach Kulmbach anreist, kann schon während der Fahrt in aller Ruhe das Maintal genießen. Banz mit seinem Kloster, die Türme von Vierzehnheiligen und Lichtenfels ziehen an uns vorbei, von einem Hügel grüßt die Altstadt von Burgkunstadt, und dazwischen glitzert während der gesamten Fahrt immer wieder das Wasser des ruhig dahinfließenden Mains. In Kulmbach angekommen, stellt man erfreut fest, dass der Bahnhof fast am Rand der Altstadt liegt – die Besichtigung kann also sogleich beginnen.

Vom Rokoko zur Badekultur

Vom Bahnhof aus gehen wir durch die breite Fritz-Hornschuch-Straße und biegen an ihrem Ende links in die Straße Kressenstein ein. Nach wenigen Metern erreichen wir am Holzmarkt den Rand der Altstadt. Der Zinsfelder Brunnen von 1660 mit dem Markt-Roland erinnert an den Stadtknecht, der die Gebühren, den Zins, für die Marktnutzung eintreiben musste. Durch die Fußgängerzone Langgasse mit ihren Häusern, die bis ins 17. Jahrhundert zurückgehen, erreichen wir den Marktplatz mit dem Alten Rathaus, das Joseph Saint-Pierre mit einer feinen Rokokofassade verzierte. Direkt beim Rathaus zweigt die Straße Oberhacken ab, von der wir nach rechts in die Bauergasse kommen. Hier steht das Kulmbacher Badhaus, einst eine von drei Badeanstalten der Stadt,

Thomas Gottschalk stammt aus dem idyllischen Kulmbach.

Kulmbach – für die Nerven ist es wirklich gut. (Thomas Gottschalk)

Fachwerkhaus und Spitalkirche in der Altstadt

Tipp

Direkt am Kulmbacher Mönchshof gib es die Brauereigaststätte Zum Mönchhof, die für ihre fränkische Küche bekannt ist (geöffnet 10–17 Uhr, Mo geschlossen). Auch an der Kulmbacher Kommunbräu gibt es eine Brauerei-Gastwirtschaft (nördlich der Plassenburg direkt am Mühlbach).

Kulmbach ist von grünen Hügeln umgeben.

heute ein Museum, das den Besuchern einen Eindruck von der mittelalterlichen Badekultur vermittelt.

Brunnen- und Kirchenkunst

Zurück am Marktplatz können wir noch den überreich figurierten Luitpoldbrunnen bewundern. Erbaut wurde er 1898 nach einem Entwurf des Architekten Martin Dülfer und mit Skulpturen des Bildhauers Eduard Beyrer verziert. Bei der Sparkasse steht das Denkmal für den Maler und Grafiker Hans von Kulmbach, der mit Albrecht Dürer eng zusammenarbeitete. Vom Marktplatz kommen wir durch die Straße Obere Stadt zur Petrikirche: Sie geht als Stadtkirche wohl auf das 12. Jahrhundert zurück. 1528 wurde die Reformation eingeführt, die heutige Ausstattung ist auf die Renovierung in den Jahren 1878–1880 zurückzuführen, als man den spätgotischen Zustand erneuern wollte. Erhalten hat man bei dieser Renovierung nur den 15 Meter hohen Hochaltar in seiner barocken Form mit der Grablegung Christi im Zentrum.

Luitpoldbrunnen am Marktplatz

Zur Plassenburg

Hinter der Petrikirche beginnt der Weg Festungsberg, der uns zur Festung Plassenburg bringt. Schnell gewinnen wir an Höhe und blicken dabei auf den Weißen Turm, dem man immer noch ansieht, dass er Teil der Stadtbefestigung war. Über eine weite Rechtskurve bringt uns die Straße zum Burgeingang und damit zum ersten Innenhof. Einen Durchgang weiter stehen wir im Festungshof, dem Schönen Hof mit seinen reich verzierten Arkaden. Die Herren von Plassenberg oder Blassenberg, wie sie sich manchmal nannten, waren Ministerialen (Beamte) der Grafen von Andechs. Ihren Namen hatten sie vom Plassenberg oberhalb von Kulmbach.

Vier Museen beherbergt die Plassenburg heute: Das erste erzählt von den Hohenzollern in Franken, die bis 1806 hier geherrscht haben; vor allem das fürstliche und absolutistische Leben der adeligen Herren wird ausführlich geschildert. Das zweite Museum zeigt Waffen und Ausrüstungen des preußischen Heers aus der Zeit von 1700 bis 1806. Das dritte, das Deutsche Zinnfigurenmuseum, besitzt die wohl weltweit bekannteste und größte Zinnfigurensammlung der Welt mit 300 000 Einzelfiguren in etwa 150 Dioramen. Das letzte und kleinste Museum (zeitweilig geschlossen) führt an den Obermain und informiert über die Geschichte dieser Landschaft. Für eine Pause lockt das Museumscafé im Innenhof, jedoch sollte man unbedingt noch die Aussicht von der Westseite der Plassenburg genießen.

Franken und sein Bier

So wie Unterfranken auch »Weinfranken« genannt wird, so dürfte man Oberfranken als »Bierfranken« bezeichnen und Kulmbach als sein Zentrum. Das hat natürlich seinen Grund: Im 15. Jahrhundert war das Recht zum Biersieden im Bürgerrecht eingeschlossen. Jeder, der in Kulmbach ein Haus innerhalb der Stadt baute, musste zuvor das Bürgerrecht erworben haben und durfte damit auch Bier brauen. So kann Kulmbach auf seine lange Biertradition stolz sein. Im 19. Jahrhundert gab es sechs Groß- und neun Hausbrauereien in der Stadt; von diesen sind heute noch die Kulmbacher Brauerei AG und die Kulmbacher Kommunbräu übriggeblieben.

Wer mehr über das Bier und seine Geschichte in Kulmbach erfahren will, plant einen Besuch im Kulmbacher Mönchshof mit gleich drei Museen ein: dem Bayrischen Bäckereimuseum, dem Deutschen Gewürzmuseum und dem Bayrischen Brauereimuseum (kulmbacher-moenchshof.de).

Tipp

Der westliche Söller der Festung mit seinem einzelnstehenden Baum schenkt den wohl besten Ausblick über Kulmbach und das Maintal.

leicht | beliebig

Auf einen Blick

Die Plassenburg ist das Wahrzeichen von Kulmbach.

Tourencharakter
Stadtspaziergang mit Anstieg zur Festung Plassenburg

Ausgangs-/Endpunkt
Kulmbach

Anfahrt
Mit der Bahn nach Lichtenfels und mit dem Regional-Express weiter nach Kulmbach. Zu den Museen fahren vom Bahnhof die Busse 1331 und 1332. Zur Innenstadt und zur Festung kann man auch mit dem Bus 1305 fahren.

Einkehr
Museumscafé auf der Plassenburg (plassenburg.de), Restaurant Zum Petz in Kulmbach

Noch wichtig
Kulmbacher Badehaus: bei freiem Eintritt geöffnet Fr/Sa/So 13–17 Uhr

Weitere Informationen
■ *kulmbach.de*

KULTPLATZ UND CHRISTLICHE WALLFAHRT

11

Aufs Walberla im Wiesenttal

Sagen und Legenden ranken sich um das Walberla, den über 500 Meter hohen auffälligen Berg über dem Wiesenttal, der eigentlich Ehrenbürg heißt. Einst gab es auf seinem weiten Gipfelplateau eine bedeutende keltische Kult- und Wohnstatt.

Zum Walberla pilgern alljährlich Anfang Mai etwa 10 000 Wallfahrer, um dort an einem Gottesdienst teilzunehmen und sich anschließend an einer kräftigen Brotzeit zu erfreuen. Es ist ein riesiges Fest für ganz Franken und weit darüber hinaus. Doch es wäre völlig falsch, daraus zu schließen, dass hier oben auch an allen anderen Tagen großer Trubel herrscht – im Gegenteil, das Walberla ist fast immer eine Oase angenehmer Ruhe. Besonders reizvoll ist die Wanderung im Frühjahr während der Kirschblüte, dann sieht es aus, als ob das ganze Walberla in eine weiße Wolke getaucht wäre.

Durch Kirchehrenbach

Wir starten am Bahnhof in Kirchehrenbach und gehen nach Norden in Richtung Bahnübergang. Dort biegen wir rechts in die Bahnhofstraße ein und folgen ihr in die Dorfmitte zur Hauptstraße. In der dortigen Bäckerei können wir uns noch mit einer Gipfelbrotzeit eindecken, dann queren wir die Hauptstraße leicht nach links und gehen rechts von der Kirche St. Bartholomäus auf der Straße zur Ehrenbürg weiter. Kurz nach dem Ortsende erreichen wir den großen Wanderparkplatz, wo der für den öffentlichen Verkehr gesperrte Wanderweg zum Walberla beginnt.

Zum Walberla

Bestens beschildert führt er vorbei an einem Kneip-Tret-Becken und dahinter nach links durch die Felder aufwärts. Diese sind von dichten Hecken eingerahmt, die den Wind ausbremsen und dadurch ein Mikroklima erzeugen, das nicht nur der Vegetation guttut – viele Tiere, wie z. B. Insekten und Vögel, nützen die Hecke auch als Wohnraum. Wir stoßen auf eine quer verlaufende Straße, in die wir nach rechts einbiegen. Schon nach wenigen Metern verzweigt sich die Straße in einer Serpentine. Wir nehmen hier den linken Ast aufwärts, halten uns bei der nächsten Verzweigung nochmals links und dann bei einem Wendeplatz ein drittes Mal links. Jetzt gehen wir direkt auf das große Holzkreuz zu, das vor uns in den Himmel ragt. Diese Stelle heißt Klaaruh, was auf Hochdeutsch so viel wie »kleine Ruhe« bedeutet. Wir sind an einem Frühlingsmorgen zu dieser Stelle gekommen, als der Himmel noch

Die Walburgiskapelle krönt das Walberla.

Viele Legenden ranken sich um die Heilige Walburga.

Erst nach dem Aufstieg erkennt man die Größe des Plateaus.

mittel | 7,5 km | 250 Hm | 3 Std.

Auf einen Blick

Tourencharakter
Zu Beginn 200 Hm Anstieg zur Walberlakapelle, dann ca. 20 Min. relativ eben über den Höhenrücken zum Rodenstein. Durchwegs bequeme breite Wege, aber mit steinigem Untergrund. Sehr sonnige Wanderung

Ausgangs-/Endpunkt
Kirchehrenbach

Anfahrt
Mit dem Regionalzug von Forchheim oder Ebermannstadt nach Kirchehrenbach

Einkehr
Unterwegs keine. In Kirchehrenbach das Wirtshaus Sponsel mit eigener Brennerei (Di Ruhetag; wirtshaus.gasthaus-sponsel.de)

Weitere Informationen
■ *vg-kirchehrenbach.de*

Wandertipp

Um den richtigen Zeitpunkt für die Kirschblüte in der Fränkischen Schweiz (normalerweise ist diese im April) zu erwischen, wurde ein Blütenbarometer eingerichtet:
■ *fraenkische-schweiz.com*

Ausblicke auf das Wiesenttal sind garantiert.

die leichte Färbung der frühen Stunde zeigte – es war eine zauberhafte Stimmung mit einem herrlichen Blick auf das Wiesenttal. Wir folgen weiterhin dem Weg und erreichen in einer guten Viertelstunde die Hochfläche des Walberla und sein Wahrzeichen, die Walburgiskapelle.

Namensspiele

Jetzt ist eine Erklärung fällig: Auf vielen Landkarten ist der Berg als Ehrenbürg verzeichnet und nicht als Walberla. Ehrenbürg ist sein offizieller Name, und es gibt zwei flache Gipfel: Der nördliche an der Kapelle heißt Walberla und der am südlichen Rand der Hochfläche wird Rodenstein genannt. Doch darum scheren sich die Franken überhaupt nicht, für sie heißt der gesamte Berg Walberla und nur der Südgipfel Rodenstein. Die Hochfläche war einst eine uralte, vorchristliche Kultstätte und damit dicht besiedelt. Später errichtete man die Kapelle und weihte sie der Heiligen Walburga. Man erzählt sich, Walburga habe die auf der Ehrenbürg hausenden Hexen gebeten, ihr beim Bau der Kapelle zu helfen. Im Gegenzug dürfen sie bis heute in der geheimnisvollen Walpurgisnacht, also in der Nacht auf den 1. Mai, hier ihr Unwesen treiben.

Kirschblüte am Walberla

Über das Plateau

Von der Walburgiskapelle wandern wir zunächst leicht bergab über die weite Hochfläche nach Süden zum Rodenstein, der wieder eine ganz andere Aussicht bietet. Der breite Weg ist von der Kapelle aus bestens zu sehen. An der tiefsten Stelle werden wir an die keltische Vergangenheit des Berges erinnert: Rechter Hand haben Archäologen eine kleine Mauer mit einem Palisadenzaun aufgebaut. Natürlich ist das eine Rekonstruktion, aber sie gibt uns eine Vorstellung davon, wie die Kelten einst ihre Siedlung gesichert haben. Dabei zog sich diese Mauer um den gesamten Berg! Die letzten Meter hinauf zum Rodenstein führen über ein paar Treppenstufen, dann stehen wir beeindruckt vor der grandiosen Aussicht.

Abstieg und Rückweg

Nach der Rundumschau folgen wir dem Wanderweg in Wanderrichtung. Die Aussicht bleibt atemberaubend. Schließlich geht es durch ein Wäldchen, und wo wir es wieder verlassen, biegen wir scharf rechts auf den Wanderweg ein, der sich fast eben auf halber Höhe zum Hang hinzieht. Rechts von uns liegt etwas erhöht der Rodenstein, aber von unserem Wald aus können wir ihn kaum ausmachen. Immer weiter in Wanderrichtung steigen wir nun links zu einem Wanderparkplatz hinunter, überqueren ihn und bleiben dann geradeaus auf dem Feldweg weiter nach Norden. Die Landschaft ist herrlich, wieder wechseln sich Hecken und karge Wiesen mit Obstgärten ab. Rechts über unseren Köpfen sehen wir die felsigen Zacken des Walberla. An der Wegkreuzung halten wir uns links und kurz darauf an der nächsten Weggabelung rechts. Jetzt dauert es nicht mehr lange, dann stoßen wir nach links über die Straße auf den Hinweg, dem wir nun zurück bis Kirchehrenbach folgen.

NATURIDYLL VOR DEN TOREN NÜRNBERGS

12

Durch die wilde Schwarzachklamm

Eine Urlandschaft, geformt von der Kraft des Wassers, umrahmt von verwittertem Sandstein und kleinen Höhlen, und dazwischen die träge, langsam dahinfließende Schwarzach. Und als Sahnehäubchen wartet dann noch der historische Ludwig-Donau-Main-Kanal auf uns.

Wir beginnen am S-Bahnhof Ochenbruck und queren die Bahnhofsstraße zu den Wohnhäusern. Dort gibt es einen Fuß- und Radweg, der nach Schwarzenbruck zur Ortsmitte ausgeschildert ist. Wir stoßen auf die Marienstraße, folgen ihr nach rechts, queren kurz danach die Frauenfeldstraße etwas nach links und passieren den Edeka-Supermarkt. Leicht nach rechts gehen wir durch eine Unterführung auf die andere Seite der großen B 8 und halten uns links in die Straße Zum Wiesengrund. Sie führt uns nach Süden aus dem Ort hinaus.

Über das Petzenschloss

Wir wandern auf einem Wiesenweg zu einem breiteren Feldweg, in den wir rechts einbiegen. Zu unserer Linken mäandert die Schwarzach versteckt zwischen den Bäumen durch die Wiesen. Schließlich passieren wir das Petzenschloss und erreichen an einer Straße die Brücke am Faberwehr über die Schwarzach.

Wir queren den Fluss und bleiben geradeaus auf der Straße, die gleich darauf für den öffentlichen Verkehr gesperrt ist. Diesem sandigen Sträßchen folgen wir ein gutes Stück bis zu einem einsamen Haus. Dahinter teilt sich der Weg – wir halten uns rechts (Nr. 5) und wandern nun durch den typisch fränkischen Föhrenwald. Ginsterbüsche säumen den Weg, und am Waldboden entdecken wir jede Menge Preiselbeeren. Es ist eine ganz eigenartige Vegetation, erstaunlich, wie viel hier auf dem sandigen Untergrund wächst und gedeiht.

Am Ludwig-Donau-Main-Kanal

Nach einem kurzen Stück erreichen wir am Schleusenwärterhaus Nr. 52 den historischen Ludwig-Donau-Main-Kanal. Angelegt wurde der 172 Kilometer lange Kanal zwischen der Donau bei Kelheim und dem Main bei Bamberg in den Jahren 1836–1846. Mit Beginn der Industrialisierung mussten immer mehr Rohstoffe und fertige Erzeugnisse über weite Strecken transpor-

Ausgewaschene Felsformationen werden zu bizarren Überhängen.

Tipp

Nach der Wanderung lohnt es sich, die nur eine S-Bahnstation entfernte Kleinstadt Feucht zu besuchen. In der Ortsmitte finden wir einige wunderschöne Fachwerkhäuser, darunter das Zeidelmuseum, das über die lange Tradition des Zeidelwesens (der Imkerei) informiert. Im Mittelalter war Feucht ein Zentrum der Waldbienenhaltung und der Honiggewinnung.

■ *feucht.de*
■ *zeidelmuseum.de*

Auch einige Weitwanderwege führen durch die Klamm.

An der Schwarzach

tiert werden, doch die Eisenbahn war lange noch nicht so weit ausgebaut, und die Fuhrwerke waren völlig überlastet. So baute man Kanäle, die einen unglaublichen Aufschwung brachten: Ein Kanalschiff konnte 120 Tonnen Fracht befördern, ein Fuhrwerk höchstens eine Tonne.

20 Jahre lang warf der Ludwig-Donau-Main-Kanal Gewinne ab, bis er ab 1864 in die Verlustzone geriet. Aber immerhin blieb er bis 1950 in Betrieb. Heute ist ein Teil des Kanals im modernen Main-Donau-Kanal verschwunden, ein beachtlicher Teil steht aber unter Denkmalschutz und wird als historisch wertvoller Bau erhalten.

Durch die Schwarzachklamm

Wir folgen dem Kanal nach rechts, vorbei an einigen Staustufen, bis wir über den Brückkanal die Waldschänke erreichen. Genau zwischen dem Ludwig-Donau-Main-Kanal und der tiefer fließenden Schwarzach gelegen, hat die idyllische Waldschänke mit Biergarten Tradition: Bereits 1889 durfte der dort ansässige Kanalwächter mit Erlaubnis des königlich-bayerischen Bezirksamts den Arbeitern aus den umliegenden Waldgebieten Getränke ausschenken. Um zum Fluss zu gelangen, gehen wir durch den Biergarten in den Wald, wo uns nach wenigen Metern ein Schild den Weg rechts abwärts zur Schwarzach weist. Wir erreichen sie an einer kleinen Quelle, die sich hier munter plätschernd mit dem Fluss vereint. Nun beginnt nach links die Wanderung durch das Naturwunder Schwarzachklamm.

Wir folgen dem Weg am Fluss entlang und bleiben dieser Uferseite stets treu. Jetzt sind wir wieder mitten im Grünen. Die Bäume sind dick mit Moosen überzogen, der Boden ist von Farnen bedeckt, und träge schlängelt sich die Schwarzach dahin. Bald schon tauchen die ersten Sandsteinformationen auf. Anhand der Furchen im Fels erkennen wir, wie tief sich die Schwarzach in das Tal eingegraben hat. Je weiter wir wandern, desto enger wird die Schlucht. Der Pfad windet sich unter überhängenden Sandsteinformationen hindurch, dann verläuft er über Stege, die förmlich über dem Wasser zu schweben scheinen.

Wandertipp

Die Wanderung kann man ganzjährig unternehmen, nur nach starkem Regen oder bei Vereisung wird es schwierig, und bei Hochwasser verbietet sich die Wanderung natürlich ganz!

Karls- und Gustav-Adolf-Höhle

Vorbei an der Karlshöhle kommen wir zum kleinen Wasserkraftwerk Gsteinbach. Dort verlassen wir für ein kurzes Stück den Flusslauf, steigen über Treppen zu den Häusern von Gsteinach hinauf und folgen dem Sträßchen minimal nach rechts. An einer großen Eiche geht es schon wieder rechts zurück zum Fluss. Das nächste Highlight steht an, die Gustav-Adolf-Höhle, die wir durch ein Loch im Sandstein erreichen.

Etwas später passieren wir einen Wanderparkplatz und haben damit das Ende der Klamm erreicht. Trotzdem halten wir uns weiter an den Flussweg, queren kurz

mittel | 10,5 km | 55 Hm | 3 Std.

Auf einen Blick

Tourencharakter
Schöne Wanderung durch ein Flusstal, etwas Trittsicherheit erforderlich, relativ schattig

Ausgangs-/Endpunkt
Ochenbruck

Anfahrt
Mit der Bahn nach Nürnberg und weiter mit der S-Bahn über Feucht nach Ochenbruck. Für den Rückweg alternativ mit Bus 553 ab Schwarzenbruck/Haltestelle Plärrer zurück nach Ochenbruck (spart 1,5 km Fußweg)

Einkehr
Die idyllische Waldschänke mit Biergarten ist sehr gemütlich und wärmstens zu empfehlen (Mo Ruhetag, brueckkanal.com).

Weitere Informationen
urlaub.nuernberger-land.de

darauf die Schwarzach und erreichen dann über eine Brücke unweit des Faberwehrs im Hirtenweg den Ort Schwarzenbruck. Wir könnten nun auf demselben Weg zum S-Bahnhof Ochenbruck zurückkehren.

Rückfahrt mit dem Bus

Alternativ folgen wir der Dürrenhembacher Straße nach links aufwärts zur Hauptstraße. Nun geht es stets nach rechts und somit durch Schwarzenbruck. Kurz nach der katholischen Pfarrkirche St. Josef halten wir uns rechts in die Mozartstraße und folgen der Beschilderung zum Bahnhof Schwarzenbruck, von wo wir mit dem Bus nach Ochenbruck zurückfahren können.

Die Wanderwege sind angenehm schattig.

13 Von Hohenstadt nach Velden

Mal sanft und träge, dann wieder grummelnd und rauschend begleitet uns die Pegnitz auf ihrem Weg durch die Hersbrucker Alb, auch Hersbrucker Schweiz genannt. Wer die Augen offen hält, entdeckt eine wunderschöne Flora und Fauna. Die Wanderung lässt sich auch gut abkürzen.

Die Pegnitz entspringt unterhalb des Schlossbergs in der Stadt Pegnitz. Von dort nimmt sie ihren Lauf, fließt gemächlich am südlichen Rand der Hersbrucker Schweiz entlang und visiert dann Nürnberg an, dessen Stadtbild sie malerisch prägt. Ab Fürth vereint sie sich mit der Rednitz zur Regnitz und strömt weiter nach Norden, um nördlich von Bamberg in den Main zu fließen.

Sonnig nach Eschenbach

Vom Bahnhof in Hohenstadt wandern wir nach links Richtung Norden und passieren dabei den Campingplatz. Wenige Schritte weiter sind wir mitten im Grünen und laufen auf dem breiten Weg durch die Felder. Rechts von uns fließt die Pegnitz, der wir uns mal mehr und mal weniger nähern. Ihr Ufer ist von dicken Weiden, Erlen und Eschen gesäumt. Vor uns liegen schon die Häuser von Eschenbach, auf die wir zusteuern. Wir erreichen den Ort an seinem Sport- und Spielplatz. In die Fahrstraße biegen wir rechts ein, queren die Pegnitz und folgen dann gleich links der leicht ansteigenden Straße (Radwegschild »Neuhaus«). Am Ortsende wird unser Weg wieder zu einem Feldweg, der uns nun im leichten Auf und Ab an den Gleisen entlangführt.

Über Alfalter nach Vorra

Die Pegnitz erahnen wir bei diesem Streckenabschnitt nur, denn wir wandern ein gutes Stück oberhalb der Talsohle dahin. Kurz vor Alfalter queren wir dann die Gleise und nähern uns wieder dem Fluss. Dabei bleiben wir jedoch am rechten Ufer und biegen noch vor der Pegnitzbrücke auf den Wanderweg nach rechts ein. Jetzt sind wir wieder direkt am Wasser. An der kleinen Staustufe lockt eine Bank zur Rast – auf jeden Fall ein schönes Plätzchen zum Verschnaufen. Danach geht es weiter flussaufwärts. Gut, wer einen Sonnenschutz dabeihat, denn es gibt kaum Schatten. Wir passieren den am anderen Ufer liegenden Weiler Düsselbach und unterqueren bald darauf noch einmal gemeinsam mit der Pegnitz die Bahngleise. Jetzt wird es etwas schattiger, und schließlich erreichen wir Vorra in der Straße Am Schloßpark. Die Straße endet unweit der etwas trutzigen Marienkirche in der Hirschbacher Straße. Auf ihr

Das nahe Hersbruck ist immer einen Ausflug wert.

Velden an der Pegnitz

Schmankerltipp

Gasthaus Rastwaggon: Die nette Einkehrmöglichkeit in Rupprechtstegen befindet sich direkt am Bahnhof in einem ehemaligen Zugabteil (Di/Mi/Do Ruhetage).

»Wege am Wasser« beschreibt die Wanderung am besten.

schwer | 19 km | 150 Hm | 5.30 Std.

Auf einen Blick

Tourencharakter
Lange Streckenwanderung, anfangs mit sehr wenig Schatten. Der Weg führt meist eben entlang der Pegnitz. Wer möchte, kann die Tour in Vorra oder Rupprechtstegen beenden bzw. mit dem Bus zurückfahren.

Ausgangspunkt
Hohenstadt

Endpunkt
Velden

Anfahrt
Mit der Bahn über Hersbruck nach Hohenstadt. Rückfahrt von Velden mit der Bahn (verkehrt fast stündlich)

Einkehr
In Vorra gibt es den Biergarten Inselblick direkt an der Pegnitzinsel (Di Ruhetag), das sehr nette Café im Dorfladen Vogelbeere oder die Pizzeria Toni in der Hauptstraße. In Artelshofen: Gasthaus Pechwirt (Mo/Mi Ruhetage; beim-pechwirt.de); in Velden mehrere Gasthäuser

Weitere Informationen
■ *frankentourismus.de*

geht es nach links und am Schloss vorbei über die Pegnitz.

Weiterweg nach Artelshofen

Die nächste Straße rechts ist bereits die Bahnhofstraße, die uns zum Bahnhof bringt. Das wäre die erste Abkürzungsmöglichkeit bei dieser Wanderung, sofern uns nicht vorher der Biergarten Inselblick etwas ausbremst, wobei auch das nette Café im Dorfladen Vogelbeere eine schöne Einkehralternative ist.

Der Bahnhof in Vorra liegt etwas nördlich des Ortes. Das passt perfekt, denn genau in diese Richtung wandern wir weiter. So folgen wir der Bahnhofstraße vorbei an den Tennisplätzen und wandern zwischen den Bahngleisen und der Pegnitz nach Artelshofen. Der kleine Weiler beeindruckt durch die prächtige Mühle im Fluss und durch sein wunderschönes Schloss, dass einer privaten Stiftung gehört. Wer Hunger verspürt, quert an der Brücke die Pegnitz und kann gut im Landgasthaus Pechwirt einkehren.

Flussidylle und mächtige Felsen

Ansonsten bleiben wir auf der ursprünglichen Uferseite und setzen direkt an der Brücke den Weg auf einem Pfad fort, der direkt am Fluss entlang verläuft. Er wendet sich etwas nach links und stößt dann auf einen breiteren Feldweg, dem wir nach rechts folgen. Nun sind wir wieder völlig einsam unterwegs, nur ein paar Radfahrer teilen sich die Strecke mit uns. Der Fluss, und damit auch unser Weg, wendet sich nach links, oberhalb von uns fährt die Eisenbahn über eine Brücke. Kurz danach queren wir die Pegnitz, setzen aber unseren Weg gleich nach links fort.

Nach den Schrebergärten erleben wir das gleiche Spiel erneut: Wir queren den Fluss, folgen ihm treu, und auch hier kreuzt wieder die Bahn über unseren Köpfen. Vor uns sehen wir die zwei mächtigen Enzendorfer Felsen am ehemaligen Hochufer. Unser Weg biegt ziemlich genau auf Höhe der Felsen nach links und führt uns ein kurzes Stück vom Fluss weg. Dann aber nähern wir uns schon wieder der Pegnitz und erreichen den Ortsrand von Enzendorf. Mit einem Schwenk nach links umgehen wir ein paar Privatgrundstücke und folgen der Radwegbeschilderung durch den Ort, den wir etwas oberhalb der Pegnitz verlassen.

Harnbachmühle und Rupprechtstegen

Kurz darauf kommen wir zur wunderschönen Harnbachmühle, einem idyllischen Platz, an dem wir uns gut für eine Pause niederlassen können. Weiter geht es immer noch mit dem Fluss zu unserer Rechten, dann erreichen wir kurz hinter dem großen Altenheim Rupprechtstegen. Dort stoßen wir auf die große Autostraße, die durch das Pegnitztal führt. Wir folgen ihr minimal nach rechts, queren dabei den Fluss und biegen dann sofort wieder links ein. Geradeaus liegt der Bahnhof Rupprechtstegen, wo wir wiederum die Möglichkeit haben, die Wanderung vorzeitig zu beenden. Wir passieren den Spielplatz, und schon hat uns der Flusslauf wieder. Eine wunderschöne Wegstrecke liegt nun vor uns.

Flusswindungen bis Velden

Die Pegnitz windet sich nun durch das Tal, während wir auf beiden Seiten des Flusses in den Berghängen wilde und bizarre Steinformationen entdecken. Wieder kreuzt die Bahn unsere Strecke, sogar zweimal, dann erreichen wir den Weiler Lungsdorf, einen beliebten Startplatz für Kanu- und Kajakfahrer. Nun queren wir die Pegnitz und wandern ein Stück rechts durch den Ort. Gleich nach der Kurve weist uns ein Schild nach links auf den Wanderweg Richtung Velden.

Somit verlassen wir den Fluss und kürzen zum Finale steiler aufwärts eine Flussschleife ab. Vorbei an den Sportplätzen erreichen wir jedoch schnell Velden, eines der schönsten Dörfer an der Pegnitz. Bevor wir die Heimreise mit der Bahn antreten, schlendern wir noch durch den Ort und bewundern die vielen hübschen Fachwerkhäuser und Mühlen. Der Bahnhof Velden liegt etwas westlich des Zentrums, und um ihn zu erreichen, folgen wir einfach der Pegnitz wieder ein Stück bis dorthin.

Von dort können wir mit der Bahn zurück nach Hohenstadt fahren.

Tipp

Auch die nahe Stadt Hersbruck mit ihrer malerischen Altstadt, den prächtigen Kirchen und dem Schloss lohnt einen Besuch. Besonders schön ist es, sich nach dem Wandern in der Fackelmann Therme Hersbruck zu erholen.

- *fackelmanntherme.de*
- *hersbruck.de*

ZUM SCHÖNSTEN BASALTKEGEL EUROPAS

14

Parkstein und sein Vulkan

Es raucht, qualmt, blitzt und dröhnt laut – ein Vulkanausbruch mitten in der Oberpfalz! Wer nicht glauben kann, dass es in Bayern Vulkane gibt, besucht die Vulkanerlebniswelt und taucht ein in diese faszinierende Welt am Hohen Parkstein.

Der Basaltkegel von Parkstein, der sich unübersehbar als felsiger Hügel über dem kleinen Ort erhebt, ist 24 Millionen Jahre alt. Aber was ist ein Basaltkegel denn genau? Und was sind Basaltsäulen? Das alles und vieles mehr erfährt man im Vulkanerlebnismuseum im ehemaligen Landrichterschloss von Parkstein, das aber leider nur unter der Woche mit Bussen erreichbar ist.

Viel Rauch und Qualm

Wie in einer Zeitkapsel dringt man dabei tief in die Vorgeschichte unserer Erde ein. Genau genommen ist der Parkstein der herausgewitterte Förderschlot eines ehemaligen Vulkans, und im Lauf der Jahrtausende blieben durch Verwitterung nur noch die Basaltsäulen stehen. Wie das alles vonstattenging, erfährt man im Vulkanerlebniszentrum. Und um das Ganze noch spannender zu gestalten, explodiert, dank modernster Laser- und Lichtershow, der Vulkan von Parkstein mit viel Rauch und Qualm jeden Tag aufs Neue.

Tipp

Der Basaltkegel mit Aussichtsplattform, die Basaltwand und der Geopfad sind das ganze Jahr über frei zugänglich. Achtung: Das Betreten der Wege bei Schnee- und Eisglätte erfolgt auf eigene Gefahr!

Geologisches Naturwunder

Nach dem Besuch der Vulkanerlebniswelt wollen wir uns natürlich noch den Parkstein und seine bizarren Basaltwände mit den typisch eckigen Steinsäulen in echt ansehen. Wir finden sie an der Südostseite des Hügels. Dorthin führt ein interessanter und kurzweiliger Geopfad, auf dem wir auch den Gipfel des Parksteins erklimmen können. Früher stand an dieser Stelle einmal eine Burg, heute sind davon aber nurmehr ein paar Mauerreste zu sehen. Dafür ist die Aussicht von hier oben wunderschön – den besten Blick auf das Umland genießt man im Übrigen von der Kapelle.

leicht

beliebig

Auf einen Blick

Tourencharakter
Gemütlicher Bummel rund um den Basaltkegel von Parkstein

Ausgangs-/Endpunkt
Weiden in der Oberpfalz

Anfahrt
Mit der Regiobahn nach Weiden in der Oberpfalz. Vom Bahnhof fährt zu bestimmten Zeiten Bus 12 nach Parkstein (Haltstelle Basaltstraße) – Achtung, am Wochenende gibt es keine Busverbindung, unbedingt vorab im Internet recherchieren!

Einkehr
In Parkstein kann man im Hotel Parksteiner Hof gut essen und übernachten (parksteiner-hof.de).

Noch wichtig
Vulkanerlebniswelt Parkstein: von April bis Ende der bayerischen Herbstferien 10–17 Uhr, im Winter 13–17 Uhr, Mo Ruhetag, im Winter auch Di/Mi (vulkanerlebnis-parkstein.de)

Weitere Informationen
■ *weiden-tourismus.info*

Unter der Kapelle auf dem Vulkankegel verwittern die Basaltsäulen.

Tipp

Für einen Tagesausflug bietet sich anschließend noch ein Bummel durch Weiden an. Die Stadt war lange Zeit für ihre Porzellanmanufakturen bekannt, über die heute das Internationale Keramik-Museum informiert. Das Herz der Altstadt schlägt am großen kopfsteingepflasterten Marktplatz, der durch das imposante Rathaus in zwei Hälften geteilt wird. Es gibt eine kostenlose App, deren Audioguide durch die Altstadt führt.
■ *weiden.de*

Thermen-Wellness-Tipps

In Bayern gibt es einige wunderbare Thermen samt Schwimm- und Saunalandschaften, die sich alle hervorragend für einen Wellness-Kurzurlaub eignen.

Kristall Therme Kochel am See: Direkt am Kochelsee, vom Bahnhof Kochel in 15 Minuten erreichbar. Neben der Saunalandschaft überzeugt das Bad vor allem mit seinem traumhaften Blick über den See auf Herzogstand und Heimgarten.
Bahnhof Kochel am See
kristall-trimini.de

Rottal Terme Bad Birnbach: Mehr als 30 Thermalwasserbecken im In- und Outdoorbereich. Die Chrysanti- und die Konradsquelle gehören zu den heißesten Thermal-Mineralquellen Mitteleuropas. Es gibt Wohlfühlbereiche zum Ausspannen und 13 luxuriöse Saunen und Dampfbäder.
Bahnhof Bad Birnbach
badbirnbach.de

monte mare: Saunalandschaft direkt am Tegernsee, eine der Saunen befindet sich auf dem Saunaschiff Irmingard auf dem Tegernsee – die Abkühlung erfolgt danach im naturbelassenen Seewasser.
Bahnhof Tegernsee
monte-mare.de

Therme Erding: Die Therme der Superlative nördlich von München. In der »größten Therme der Welt« kann man sich sogar einmieten. Hier gibt es alles, vom riesigen Rutschenbereich über die Vital-Oase, unzählige Schwimmbecken und Whirlpools bis zu Poolbar und Restaurant u. v. m.
Bahnhof (S-Bahnhof) Erding
therme-erding.de

Therme Bad Aibling: Bietet eine Sauna- und Badelandschaft unter mehreren Kuppeln. Bad Aibling ist das älteste Moorbad in Bayern, und das allein ist schon Auszeichnung genug.
Bahnhof Bad Aibling
therme-bad-aibling.de

Obermain Therme Bad Staffelstein: Wirbt mit »Bayerns stärkster und wärmster Thermalsole«, einem Heilwasser, das aus 1600 Metern Tiefe in die Becken sprudelt. Man kann im Thermenmeer ausspannen und im Saunaland schwitzen.
Bahnhof Bad Staffelstein
obermaintherme.de

Auch am Schliersee gibt es eine »monte mare«-Vitalsauna.

Therme Lindau: Präsentiert sich mit ihrer modernen Architektur geradlinig, schnörkellos und minimalistisch. Der Blick schweift von hier über den See zu den nahen Schweizer Bergen – das ist der größte Luxus. Der perfekte Rahmen für entspanntes Baden und Wellness auf 13 000 Quadratmetern.

Bahnhof Lindau

therme-lindau.com

Kaiser-Therme Bad Abbach: Liegt westlich von Regensburg und bietet ein 600 Quadratmeter großes Thermalbad sowie verschiedene Saunen, darunter eine Bio-Apfel- und eine Bergkristall-Sauna.

Bahnhof Bad Abbach

kaiser-therme.de

Franken-Therme Bad Windsheim: Gesund für die Haut: Hier »floated« man ähnlich wie im Toten Meer in einem See mit einem Salzgehalt von 26,9 % – untergehen ist so gut wie unmöglich, und aus dem 28 °C warmen Wasser will man gar nicht mehr raus!

Bahnhof Bad Windheim

franken-therme.net

Fackelmann Therme Hersbruck: Zählt zu den kleineren und damit unbekannteren Thermen in Bayern. Vom Bahnhof geht's durch die malerische Altstadt zur Therme, dann aalt man sich im 34 °C warmen Heilwasser. Ein kleinerer Saunapark bietet alles, was man sich für entspannte Schwitzstunden wünscht.

Bahnhof Hersbruck

fackelmanntherme.de

Eine riesige Glaskuppel überspannt die Erdinger Therme.

Landschaftlicher Höhepunkt an der Donau: die Weltenburger Enge zwischen Kelheim und Kloster Weltenburg (Tour 19)

KLEINE AUSZEITEN

Mitten in Bayern

HERRLICHES VOGELPARADIES

15

Altmühlsee und Fränkische Seenplatte

Für Vogelfreunde ist der Altmühlsee ein wahres Paradies, und wer gern badet, wird diese Tour ebenfalls lieben. Der Altmühlsee war der erste der künstlich angelegten Gewässer in der Fränkischen Seenplatte. Mittlerweile ist er ein begehrtes Naherholungsziel mit vielen Freizeitsportmöglichkeiten.

Heute kann man sich kaum mehr vorstellen, dass die Gegend bei Muhr am See vor 40 Jahren völlig anders ausgesehen hat: Flache, weite Wiesen, meist Feuchtgebiete, und ein einziger Fluss – die Altmühl. Von einem See war noch nichts zu sehen, obwohl die Gemeinde Muhr bereits 1976 den Beinamen »am See« erhielt. Auf das stehende Wasser musste man noch zehn Jahre warten: Erst 1984 begann man damit, den Altmühlsee aufzustauen.

Erstaunliches Wassermanagement

Pläne für die Aufstauung des Altmühl-Wassers zur Fränkischen Seenplatte gab es schon seit den 1970er-Jahren. Das System sollte das Wassermanagement verbessern und Wasser aus den feuchten Gebieten Bayerns in die wasserarmen Gegenden befördern. Im Fall der Altmühl, die in ihrem Lauf schließlich in die Donau mündet, entnimmt man nur ihr Hochwasser. Es läuft westlich von Muhr in den Altmühl-Überleiter und von dort in den Altmühlsee.

Tipp

Der Ausflug inkl. Wanderung ist auch hervorragend für Kinder geeignet, winkt doch am Seezentrum ein herrliches Badegelände mit Sandstrand zur Belohnung.

Die Altmühl selbst darf in einem neuen Flussbett nördlich des Sees weiter nach Gunzenhausen ziehen. Das Wasser aus dem Altmühlsee hingegen wird z. T. unterirdisch mit einem knapp neun Kilometer langen Überleiter an den ebenfalls künstlich angelegten Kleinen Brombachsee weitergegeben. Dieser wiederum speist mit seinem Wasser das Regnitz-Gebiet. Mit diesem System hat man die natürliche Wasserscheide überwunden, die die Wassereinzugsgebiete

Das Torhaus war Teil der Ortsbefestigung in Altenmuhr.

Eindrucksvoll sind die frühen Morgenstunden am See.

Altmühlsee-Informationszentrum in Muhr am See

Auch der Wassersport kommt am Altmühlsee nicht zu kurz.

leicht

7,5 km

2 Std.

Auf einen Blick

Tourencharakter
Sehr sonnige, fast völlig ebene Wanderung entlang der Zuleiter und des Altmühlsee-Ufers. Bademöglichkeit. Unbedingt Fernglas fürs Vögel-Beobachten einpacken!

Ausgangs-/Endpunkt
Muhr am See

Anfahrt
Mit dem Regionalzug über Würzburg nach Muhr am See

Einkehr
Unterwegs keine – unbedingt etwas zum Trinken mitnehmen! Erst am Ende gibt es das Strandhaus Muhr.

Weitere Informationen
■ *fraenkisches-seenland.de*

von Donau und Rhein trennt – statt zum Schwarzen Meer strömt jetzt ein Teil des Wassers zur Nordsee.

Vielfältiges Naturparadies

Entstanden ist die Fränkische Seenplatte und damit der Altmühlsee mit seinen vielen Freizeitangeboten. Der Altmühlsee ist aber auch ein wunderbares Vogelparadies, und das nicht nur für Wasservögel. Im See gibt es eine Flachwasserzone mit vielen größeren und kleineren Inseln. Dazu gesellt sich das Wiesmet, eines der bedeutendsten Feuchtgebiete in Franken. Mit Wiesmet werden die Felder zwischen Muhr und Ornbau bezeichnet; dort liegen als Überschwem-

Vom Aussichtspunkt kann man die Vögel noch besser beobachten.

mungsgebiet der Altmühl ihre Altwasserarme, einige Bäche und kleinere Flüsse.

Diese beiden Zonen, das Wiesmet und die Flachwasserzone, stehen unter Naturschutz. Deshalb haben sich hier auch wieder seltene Vögel und Tiere angesiedelt: Es gibt Storchenpaare, ca. 50–70 Biber, Pirole, Teichrohrsänger, Kiebitze, Bless- und Brandgänse, Eisvögel und sogar Seeadler. Und auch ein paar der seltenen Wiesenbrüter nutzen die Flächen – die Kiebitze, Uferschnepfen oder der Große Brachvogel sind aber kaum zu sehen.

Auf Entdeckertour

Verlaufen kann man sich auf der Tour fast nicht, denn das Seeufer gibt den Weg vor. Wir starten am Bahnhof von Muhr am See und folgen der Bahnhofsstraße über ihre Linkskurve hinweg. An ihrem Ende sind wir in der Ortsmitte angelangt, queren die Straße zum Rathaus hin und folgen dann dem Hölzlesweg, auf dem wir den Ort verlassen.

Nach 150 Metern queren wir einen kleinen Graben und biegen links auf den Feldweg ein. Der Weg wird zu einem Pfad und führt uns zur noch jungen Altmühl, die wir auf einer kleinen Brücke queren. Jetzt halten wir uns kurz rechts und erreichen so einen größeren Feldweg, dem wir nach links folgen. Wenige Schritte rechts von uns wird die Altmühl mit einem Dücker unter dem Nesselbach hindurchgeführt. Wir folgen im Anschluss dem Nesselbach und ignorieren alle Abzweigungen, bis der Bach sich schließlich in den Altmühlsee ergießt. Jetzt ist es nicht mehr weit, dann können wir rechts auf den Steg zur Vogelinsel einbiegen.

Tipp

Wer mehr über die Natur am Altmühlsee erfahren will, besucht die LBV-Umweltstation in Muhr. Der Landesverband für Vogelschutz kümmert sich auch um die Vogelinsel. Von März bis Oktober gibt es dort jeweils mittwochs und sonntags um 16 Uhr eine natur- und vogelkundliche Führung (Unkostenbeitrag; Treffpunkt am LBV-Infohaus).
■ *altmuehlsee.lbv.de*

Vogelinsel und Badegelände

Die Insel lässt sich mit einem kurzen Rundweg erkunden, verschiedene Brücken und Pfade führen uns zu einem großen Aussichtsturm – ein herrlicher Weg und noch dazu ein großartiger Ausblick über die Wasserflächen. Zurück am Ufer setzen wir unsere Wanderung noch ein Stück weiter nach Osten fort. Das nächste große Ziel ist das Seezentrum mit seinem Strandbad, dem Zeltplatz und dem Segelclub. Verführerisch sind die wunderbar aufgeschütteten Sandstrände, wo wir bequem, ja fast schon mit karibischem Flair schwimmen gehen können.

Vom Seezentrum folgen wir der Zufahrtsstraße auf einem abgetrennten Fuß- und Radweg und queren dann die große Gunzenhäuser Straße leicht nach links in die Frankenstraße. An deren Ende geht es links in die Ansbacher Straße, deren Verlängerung uns zum Bahnhof von Muhr am See zurückbringt.

AUSFLUG IN DIE VERGANGENHEIT

16

Nördlingen – Perle des Rieses

Mitten im Nördlinger Ries, dem Einschlagkrater eines Meteoriten, liegt Nördlingen. Die kreisrund angelegte Stadt ist von einer vollständig intakten Stadtmauer umgeben – bestes Indiz für eine gut erhaltene Altstadt, wie sie in Schwaben kaum schöner sein könnte.

Für den Besuch von Nördlingen verzichten wir auf eine genaue Wegbeschreibung, denn im Gassengewirr der Altstadt macht es Spaß, sich treiben zu lassen. Und irgendwann landet man immer entweder am Marktplatz oder an der Stadtmauer. Nur beim Start helfen wir gern etwas.

Deininger Tor und Befestigungsring

Vom Nördlinger Bahnhof, in dem gleichzeitig das Landratsamt untergebracht ist, streben wir das Kriegerdenkmal, den Obelisken, an. Dort folgen wir rechts der Bürgermeister-Reiger-Straße bis zum Kreisverkehr, wo nach links unsere Zeitreise beginnt, denn am Deininger Tor betreten wir Nördlingens Altstadt.

Wer sich zu Beginn einen Überblick verschaffen möchte, steigt am Tor auf die Stadtmauer und begibt sich auf einen knapp drei Kilometer langen Rundgang um die Stadt. An jedem der vier Stadttore kann man absteigen und damit die Runde abkürzen. Diese Stadttore sind immer nach den Orten benannt, die man von ihnen jeweils erreichen kann: Baldingen, Löpsingen, Deiningen und Reimlingen. Nur das fünfte, das Berger Tor, ist nach dem Friedhofsberg benannt.

Die Stadtmauer wurde 1327 durch Kaiser Ludwig den Bayern errichtet. Schon damals hatte sich Nördlingen vergrößert, und der alte Befestigungsring reichte nicht mehr aus. So ließ der Kaiser die neu dazugekommenen Stadtviertel mit einer neuen Mauer umfrieden. Die Bürger der Stadt mussten kräftig beim Bau mithelfen, und das nicht

Vor den Toren der Altstadt liegt ein schöner Stadtpark.

Im Herzen der Nördlinger Altstadt: der Marktplatz

Geschnitzte Stuhlwangen am Chorgestühl in der Georgskirche

Tipps

Wenn das Wetter einmal nicht mitspielt, locken Museen, darunter das RiesKrater-Museum oder das Stadtmuseum, ins Trockene. Unbedingt besuchen sollte man auch das malerische Gerberviertel am Egerbach sowie die Judengasse im Gedenken an die einst große jüdische Gemeinde der Stadt. Schön ist zudem der Weinmarkt mit dem Maria-Holl-Brunnen, der an den letzten hiesigen Hexenprozess 1594 erinnert. Und entspannen können wir in den Frickinger Anlagen, einem kleinen Park mit Kunstwerken vor der Stadtmauer im Süden Nördlingens.

- rieskrater-museum.de
- stadtmuseum-noerdlingen.de

nur finanziell, sondern auch mit Arbeitsleistung. Um 1400 war das Werk dann vollendet.

Glück gehabt

Im Lauf der nächsten Jahrhunderte musste die Stadtmauer immer wieder den neuesten Verteidigungstechniken angepasst werden. Das galt bis zum Zweiten Weltkrieg. Zum Leidwesen der Bevölkerung brachte man sogar in den letzten Kriegstagen noch Bomben an den Stadttoren an, um sich gegen die anmarschierenden US-Truppen zu verteidigen. Zum Glück griffen einige Nördlinger Bürger beherzt ein und entschärften diese rechtzeitig.

Insgesamt ist Nördlingen im Zweiten Weltkrieg glimpflich davongekommen. Zwischen 1941 und 1945 wurde die Stadt dreimal bombardiert, aber die Angriffe galten vor allem dem Bahnhof. In der Altstadt wurde zwar die Georgskirche stark beschädigt, aber im Großen und Ganzen blieb das mittelalterliche Stadtbild erhalten.

Kasarmen und die gute Stube

Direkt an die Stadtmauer angebaut finden wir Häuschen, Kasarmen genannt. Früher lebte hier eher die ärmere Bevölkerung, das zeigt schon allein die Größe eines der Häuser, bei dem man sich eine Wand beim Bau gespart hatte. Zu Kriegszeiten mussten die Bewohner ihre Häuser für die Soldaten räumen, heute sind sie echte Schmuckstücke: Im Café Kasarm z. B. unweit des Reimlinger Tors können wir uns bei Kaffee und Kuchen gut die Innenräume ansehen.

Ziemlich mittig in der Altstadt treffen wir auf den Marktplatz. Dort stehen einige der schönsten Häuser, wie das Brot- und Tanzhaus oder das Rathaus mit seiner imposanten Schautreppe. Diese wurde 1618 nachträglich angefügt. Unter der Treppe war der Zugang zum Gefängnis, und früher gab es hier ein Fenster, in dem die Straftäter öffentlich zur Schau gestellt wurden – heute erinnert das Narrenrelief an der Mauer noch an diese Zeit.

Tipp

Eisenbahnfreunde aufgepasst: In Nördlingen gibt es das von einem Verein betriebene Bayerische Eisenbahnmuseum. Dort sind 200 Originalfahrzeuge ausgestellt, und es werden historische Fahrten mit Dampflokomotiven angeboten.

■ *bayerisches-eisenbahnmuseum.de*

Die Georgskirche und ihr Daniel

Am Marktplatz befindet sich auch die Georgskirche. Ihr Kirchturm mit seinen rund 90 Metern Höhe wird liebevoll Daniel genannt. Er lässt sich besteigen (übrigens der anstrengendste Teil unserer Stadtbesichtigung), und die 365 Stufen lohnen sich: Erstens hat der Türmer immer noch einiges zu erzählen, und zweitens werden wir mit einem fantastischen Blick auf Nördlingen und den Rieskrater belohnt.

Früher hielten hier immer zwei Wächter rund um die Uhr Wache. Ihre Aufgabe war es, die Bevölkerung vor Gefahren zu warnen. Dazu zählten angreifende Truppen, aber auch Feuer. Um in der Dunkelheit zu wissen, dass alle auf ihrem Posten standen, riefen die Türmer vom Daniel dem Tor-

Der Blick vom Daniel auf die Altstadt ist atemberaubend.

wächter in der Stadt ein »So, G'sell, so!« zu. Noch heute schallt dieser Ruf jeden Abend vom Turm, denn die Turmwächter verrichten immer noch ihren Dienst – nun aber vor allem für die Touristen.

Ein Blick ins Innere der Kirche lohnt sich natürlich auch: Mit ihren großen emporstrebenden Pfeilern ist sie eine wunderschöne spätgotische Hallenkirche.

Hafenmarkt und Klösterle

Ein weiterer schöner Platz, umringt von windschiefen Fachwerkhäusern, ist der Hafenmarkt. Der Name stammt jedoch nicht von einem Hafen, sondern deutet auf die Hafner hin, die hier ihre Töpferwaren verkauften. Ganz in der Nähe steht das Klösterle, heute ein Hotel, früher ein Franziskanerkloster und dann eine Kornschranne. Das Gebäude mit seiner imposanten Eingangstür ist ein bedeutendes Beispiel der deutschen Renaissance.

leicht

beliebig

Auf einen Blick

Tourencharakter
Gemütlicher Stadtspaziergang, den sich jeder ganz individuell bzgl. Länge und Dauer einteilen kann.

Ausgangs-/Endpunkt
Nördlingen

Anfahrt
Mit der Regionalbahn nach Nördlingen

Einkehr
Nördlingen bietet viele Restaurants, Wirtshäuser und Cafés. Sehr gut isst man z. B. im Kleibls (kleibls-am-daniel.de) oder im Sixenbräu-Stüble am Berger Tor (sixenbraeustueble.de).

Noch wichtig
Turmbesteigung Daniel: täglich 10–18 Uhr, im Winter kürzer; im Sommer kann man zusätzlich jeden Sa um 21.30 Uhr aufsteigen.
Stadtmauer: jederzeit frei über die Aufgänge an den fünf Stadttoren zugänglich
Georgskirche: tagsüber offen, nur während der Messen nicht zu besichtigen

Weitere Informationen
■ *noerdlingen.de*

Gotisches Netzgewölbe in der Georgskirche

Kraterwandern im Geopark Ries

17

Von Wemding nach Harburg

Ein Impakt, wie ihn kein Hollywoodfilm besser inszenieren könnte, erschütterte vor 14,5 Millionen Jahren Schwaben: Das nahezu kreisförmige Ries entstand durch einen gewaltigen Meteoriteneinschlag. Der von der UNESCO ausgezeichnete Geopark Ries lässt uns an vielen Stellen in diese spannende Erdgeschichte zurückblicken.

Lange nahm man an, dass das Nördlinger Ries durch Vulkanismus entstanden wäre. Erst 1960 zeigten die beiden amerikanischen Geologen Eugene Shoemaker und Edward C. T. Chao, dass nur die Energie eines Meteors ausreicht, um Suevitgestein entstehen zu lassen. Und genau dieses findet man überall in und um den Krater des Rieses. Seitdem wurde die Gegend intensiv erforscht und vermessen. So hat man heute eine recht genaue Vorstellung davon, was damals geschah. Die Wanderung orientiert sich am Kraterrand und führt dabei zu einigen interessanten geologischen Orten, die uns die Besonderheiten des Rieses aufzeigen.

Marienbrunnen in Wemding

Fuchsienstadt Wemding

Ausgangspunkt unserer Streckenwanderung ist der malerische Marktplatz von Wemding mit seiner Mariensäule. Der Ort ist auch als Stadt der Fuchsien bekannt, wobei diese von den hiesigen Stadtgärtnern aus gutem Grund besonders häufig gepflanzt werden: 1501 wurde in dem kleinen Haus neben der heutigen Sparkasse am Marktplatz der Arzt und Botaniker Leonhard Fuchs geboren – ihm zu Ehren wurde die Pflanze benannt, die ursprünglich aus Südamerika stammt und die es heute überall auf der Welt in vielen Züchtungen gibt.

In der ansässigen Bäckerei können wir uns noch mit einer Brotzeit versorgen. Dann wählen wir die Pfarrhof- und die Huggasse, die uns zum Sandbichlring bringen, dem Verlauf der einstigen Stadtbefestigung. Kurz geht es links zu einem Durchschlupf in der Stadtmauer; dahinter wandern wir rechts durch den kleinen Park im Stadtgraben. So erreichen wir die Straße Kapuzinergraben, die wir an der Ampel geradeaus in die Harburger Straße queren. An der Gärtnerei halten wir uns links in den Lommersheimer Weg, dem wir zum Ortsende folgen. Dort führt uns nun der Panoramaweg, zugleich ein Jakobsweg, links in den Wald hinein.

Die Harburg wachte über das Wörnitztal.

Diesen bunten und leicht erkennbaren Wanderschildern folgen wir auf der Tour.

Tipp

Man kann die Wanderung herrlich mit einem Besuch von Nördlingen verbinden (s. Ausflug 16). Da das aber alles für einen Tag zu viel Programm ist, kann man ideal im nh-Hotel Klösterle direkt in der Altstadt übernachten oder alternativ oben in der Harburg selbst, im Schlosshotel mit dem angeschlossenen Restaurant Fürstliche Burgschenke.

- *nh-hotels.com*
- *Schlosshotel Harburg, Tel. 09080/15 04*

Schöne Ausblicke auf den Rieskrater gibt es einige auf der Strecke.

mittel | 18 km | 300 Hm | 4.30 Std.

Auf einen Blick

Tourencharakter
Lange Streckenwanderung, überwiegend auf naturbelassenen Wegen mit nur kurzen Anstiegen. Die Tour ist eine Teilstrecke des Weitwanderwegs Ries-Panoramaweg und mit einem Meteoriten-Symbol ausgeschildert.

Ausgangspunkt
Wemding

Endpunkt
Harburg

Anfahrt
Der nächstgelegene Bahnhof ist Nördlingen, von dort gibt es Busverbindungen nach Wemding. Harburg in Schwaben besitzt einen Bahnhof auf der Strecke Nördlingen–Donauwörth.

Einkehr
Unterwegs keine – unbedingt genug zum Essen und Trinken mitnehmen! Netter kleiner Gastgarten im Gasthof Zum Goldenen Lamm in Harburg (lamm-harburg.de). Noch kleiner: das Harburger Brückencafé (aufderbruecke.de)

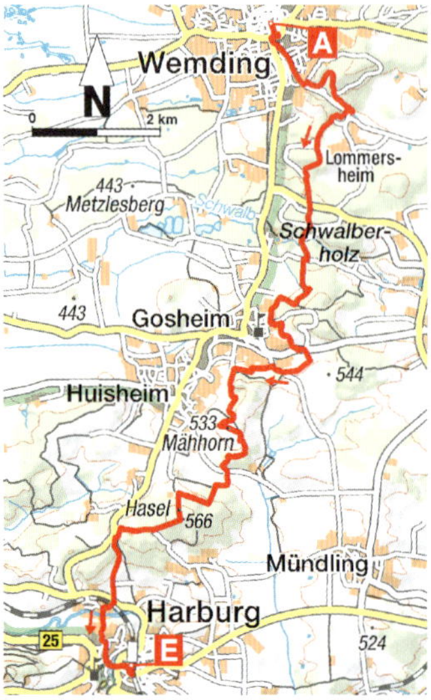

Noch wichtig
Der ehemalige Steinbruch und der Lehrpfad bei Gosheim sind jederzeit frei zugänglich.
Burg Harburg: geöffnet Mitte März bis Anfang Nov. täglich 10–17 Uhr. Stündlich gibt es Schlossführungen, der Burghof ist auch ohne Führung gegen Eintritt zu besichtigen.
RiesKraterMuseum Nördlingen: geöffnet Di–So 10–16.30 Uhr, im Winter über die Mittagszeit geschlossen (rieskrater-museum.de)

Weitere Informationen
■ *geopark-ries.de*

Waldwege nach Gosheim

Der anfangs noch breitere Weg macht eine lange Rechtkurve; es geht bergab, und wir wechseln rechts auf einen Pfad zu einem Feldrand. Hier biegen wir rechts ein und queren gleich die Straße. Leicht bergauf wandern wir im weiteren Verlauf an der oberen Abbaukante des Wemdinger Steinbruchs entlang. Dahinter wendet sich der Weg nach Süden.

Wir wandern weiter angenehm schattig durch den Wald und queren dabei eine Autostraße und das Bächlein Schwalb. Immer weiter in südlicher Richtung, manchmal kurz im Zickzack abbiegend, wird der Baumbestand lichter. Schließlich wandern wir nahe

Am Marktplatz in Wemding starten wir.

am Waldrand zu einigen Feldern und erreichen Gosheim, einen Ortsteil von Huisheim.

Aussicht über den Krater

Noch am Ortsrand, an einem kleinen Wanderparkplatz, besuchen wir einen historischen Steinbruch und steigen dann links von ihm über den Pfad hinauf zum Kalvarienberg mit der Herz-Jesu-Kapelle. Von dort hat man einen wunderschönen Blick über das Ries. Wir verlassen den Hügel auf einem Feldweg in südlicher Richtung, queren, unten angekommen, die Landstraße ein gutes Stück nach links versetzt und wandern sonnig auf einem Feldweg weiter. Bald geht es nach rechts, und kurz darauf biegen wir für ein kurzes Stück in die nächste Teerstraße rechts ein. Am Ende des Waldstücks geht es nach links – damit kürzen wir den offiziellen Weg etwas ab. Wir folgen dem Feldweg zur T-Kreuzung, wenden uns dort nach links, biegen am Waldrand nach rechts ab und halten uns am Ende des Waldes wieder links.

> **Tipp**
>
> **In Wemding ist die berühmte und beliebte Wallfahrtskirche Maria Brünnlein sehr sehenswert. Sie liegt jedoch außerhalb des Ortskerns und ist mit einem Abstecher von gut 30 Min. zu Fuß erreichbar.**

Im Zick und Zack nach Ronheim

Jetzt folgt ein sonniger Abschnitt unserer Tour, und wir passieren mit Abstand Huisheim. Der Weg wendet sich geschickt mal ein wenig nach links und rechts, führt aber im Großen und Ganzen immer Richtung Süden. Nach einem kurzen Waldstück queren wir eine Autostraße etwas nach links, halten uns am Waldrand rechts und wandern nun für ca. 800 Meter leicht aufwärts, ehe wir links in den Feldweg einbiegen. Noch immer geht es leicht bergauf, und haben wir ein Waldstück erreicht, halten wir uns links und haben kurz vor einem Mobilfunkmast den höchsten Punkt unserer Wanderung überschritten.

Am Funkmast geht es nach rechts, und nun verliert unser Weg stetig an Höhe. Kurz bevor wir die Bundesstraße erreichen, biegen wir links ein und wandern in völliger Ruhe und Stille durch ein Waldstück. Dahinter sehen wir vor uns Ronheim, das wir schnell – einmal noch die Autostraße und die Bahnschienen querend – erreichen.

Finale in Harburg

Eine Fußgängerbrücke führt uns dort über die Wörnitz, und nach einem weiteren Waldstück kommen wir zum Ortsrand von Harburg. Die Nördlinger Straße queren wir in den Kirchenberg und erreichen so die malerische Altstadt. Vielleicht haben wir auch noch genug Energie, um zur eigentlichen Burg, der Harburg, hinaufzusteigen.

Die Altstadt ist nicht groß, dafür sehr pittoresk, und vor allem die breite Bogenbrücke über die Wörnitz ist ein echter Hingucker. Am anderen Ufer befindet sich in der Grasstraße eine Bushaltestelle, von dort können wir zum nächstgelegenen Bahnhof und von dort weiter nach Nördlingen fahren. Oder wir nutzen ab Harburg die Bahn: Dafür folgen wir einfach am anderen Ufer der Mündlinger Straße zum Bahnhof Harburg.

Im Naturpark Altmühltal

18

Von Dollnstein nach Eichstätt

Wacholderheiden und Magerrasen sind das typische Vegetationsbild an den steilen und trockenen Hängen im Altmühltal. Auf den kargen Wiesen finden wir je nach Jahreszeit Küchenschellen, Veilchen und verschiedene Enzianarten und schließlich, als Vorboten der kalten Jahreszeit, auch zahllose Silberdisteln.

Die Altmühl ist einer der kleineren Flüsse in Bayern, aber gewiss einer der liebenswertesten. Ein Grund dafür ist, dass sie so herrlich beschaulich fließt und in weiten Teilen sehr naturbelassen ist. In ihrem Oberlauf holt sie sich langsam Kraft und wird von Wiesenbächlein zum Fluss. Kraft, die sie braucht, um den Jurakalk zu durchbrechen, der sie bis zu ihrer Mündung in die Donau bei Kelheim begleitet. Auf den 16,5 Kilometern zwischen Dollnstein und Eichstätt, einer Teilstrecke des Altmühltal-Panoramawegs, erlebt man die ganze Vielfalt des Naturparks. Dabei wandern wir nur stellenweise in Flussnähe, meist führt der Weg über die Trockenhänge am ehemaligen Hochufer der Altmühl.

Durch Dollnstein

Unsere Streckenwanderung beginnt am Bahnhof von Dollnstein. Dort gehen wir, die Gleise im Rücken, nach links in die Ortsmitte und queren die Altmühl. Durch den Petersturm verlassen wir den alten Dorfkern, um gleich rechts auf dem Burgsteinweg zum Ortsrand zu gelangen. Schräg links zweigt ein schmaler Pfad ab, und schon sind wir auf dem Altmühltal-Panoramaweg unterwegs, der uns durch ein Kernstück des Naturparks Altmühltal führen wird. Kurz darauf erreichen wir den markanten Burgsteinfelsen mit seiner Kapelle, eine unverkennbare Landmarke im Flusstal und ein Klettereldorado.

Vom Panoramaweg blicken wir auf Eichstätt und seinen Dom.

Die längste Sitzbank Deutschlands wurde aus einem Stamm gefertigt.

Tipp

Hoch über Eichstätt zieht es Fossilienfans ins Museum Bergér oder in den Fossiliensteinbruch für Hobbysammler. Mit Hammer und Meißel klopft man sich durch die Erdgeschichte. Geübte Augen entdecken Haarsterne, Ammoniten, Fische oder größere Tiere. Der Sammler darf alle Funde mitnehmen, solange sie keine Beine oder Flügel haben.

■ *museum-berger.de*

Schafe und Wacholderheiden

Weiter geht es nun, den Schlaufen der Altmühl folgend, immer mehr oder weniger am Waldrand entlang durch die karge Wacholderheide, die das Bild des Naturparks prägt. Keine anderen Büsche oder Sträucher außer dem Wacholder schaffen es, mit diesem mageren Boden zurechtzukommen. Schafe sorgen dabei für den Erhalt dieses Landschaftsbilds. Sie sind die einzigen Nutztiere, die mit den an Nährstoff armen Magergraswiesen zufrieden sind. Nur durch ihre fleißige Landschaftspflege kommen wir in den Genuss einer artenreichen Vielfalt an den sonnigen Hängen.

Über Blumenberg

So erreichen wir Obereichstätt und steigen bei der ersten Gelegenheit steil hinauf zur Hochfläche des Jura. Nun kürzen wir eine Flussschleife ab und erreichen den Fossiliensteinbruch Blumenberg, in dem wir nach Lust und Laune nach Relikten aus der Urzeit suchen können.

Der Beschilderung Richtung Eichstätt folgend, kommen wir an der Straße Zum tiefen Tal an den Stadtrand von Eichstätt. Wer abkürzen möchte, kann hier rechts direkt zum Bahnhof wandern. Ansonsten halten wir uns links, steigen wieder aus dem Flusstal hinauf ans Hochufer und unterqueren die B 13. Wir wandern unter dem Hotel Schönblick vorbei und freuen uns über die schönen Aussichten auf Eichstätt. Stets dicht entlang der Hangkante geht es auf einem kleinen Pfad dahin, und immer wieder laden Bänke zu Pausen ein und einige Abzweigungen nach rechts locken als Abkürzungen. Wer dem Symbol des Altmühltal-Panoramawegs folgt, steigt erst kurz vor dem Galgenberg hinunter nach Eichstätt.

Wandertipp

Unbedingt genügend zum Essen und Trinken mitnehmen, denn es gibt unterwegs keine Einkehrmöglichkeit, aber einige sehr schöne aussichtsreiche Rastplätze.

Eichstätter Stadtspaziergang

Eichstätt lohnt einen Stadtbummel, lebt es doch von seinen Kontrasten. Zwischen den alten Prachtbauten des Fürstbistums beleben junge Studenten die Plätze. Nicht versäumen sollten wir den Residenzplatz, wo in der alten fürstbischöflichen Residenz inzwischen das Landratsamt Eichstätt untergebracht wurde. Wunderschön ist auch der Domplatz mit dem mächtigen Gotteshaus und dem gotischen Mortuarium. Dort finden wir den Bistumsgründer Willibald in einer lebensgroßen Skulptur verewigt – eine herausragende Bildhauerarbeit von 1514, bei der sich die Kunsthistoriker bis heute nicht sicher sind, ob sie von Loy Hering oder von Gregor Erhardt geschaffen wurde.

Vom Dom können wir zum Marktplatz mit dem Rathaus spazieren, über das der Heilige Willibald von seinem Brunnen aus wacht. Wer noch Energie hat, steigt alsdann über die Burgstraße zur Willibaldsburg hinauf – die dortigen Museen geben uns Einblicke in die Vor- und Frühgeschichte des Altmühltals, aber auch der historische Bastionsgarten ist einen Besuch wert.

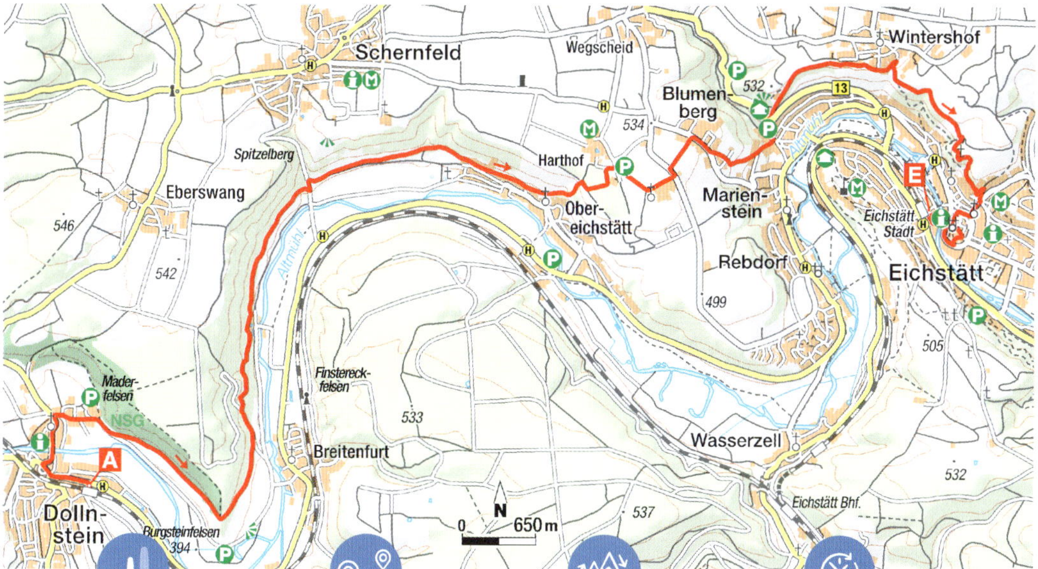

mittel | 16,5 km | 350 Hm | 4 Std.

Auf einen Blick

Tourencharakter

Lange, sehr sonnige Wanderung auf gut ausgeschilderten Wegen und Pfaden. Durch das ständige Auf und Ab am Hochufer kommen 350 Hm Aufstieg zusammen. Die Tour folgt dem Symbol des Altmühltal-Panoramawegs. An mehreren Stellen kann man abkürzen.

Ausgangspunkt

Dollnstein

Endpunkt

Eichstätt

Anfahrt

Mit dem Regionalexpress nach Dollnstein. Rückfahrt vom Bahnhof Eichstätt-Stadtzentrum mit der Regiobahn zum außerhalb liegenden Bahnhof Eichstätt, der an der Bahnverbindung Ingolstadt–Treuchtlingen liegt

Einkehr

In Eichstätt zu empfehlen sind der Gasthof Schneider's in der Pfahlstraße, das Café Paradeis am Marktplatz (cafeparadeis.de) oder das Wirtshaus Zum Gutmann mit eigener Brauerei (gutmann-eichstaett.de).

Weitere Informationen

■ *eichstaett.de*

Es macht Spaß, die vielen Kanufahrer auf der Altmühl zu beobachten.

SCHÄUMENDE WELLEN UND SÜFFIGES BIER

19

Von Kelheim nach Weltenburg

Kaum eine Wanderung verbindet Geschichte und Kunst von Weltrang so perfekt mit klösterlicher Braukunst und romantischer Flussschifffahrt durch eine dramatische Felsenschlucht wie die Tour von Kelheim nach Weltenburg.

Von Kelheim führt der Weg zur Befreiungshalle und weiter über das Donausteilufer zum Kloster Weltenburg. Die Donau zwängt sich in diesem Abschnitt durch ein enges Felskorsett, den Donaudurchbruch. Diesen dürfen wir dann hautnah bei der Rückfahrt mit dem Schiff erleben.

Spaziergang am Kanal

Wir starten mit unserer Wanderung in Kelheim am Wöhrdplatz und gehen zur Schiffslände am Donauufer – es schadet im Übrigen nicht, sich vorab zu informieren, wie und wann wir später ab Weltenburg zurückfahren werden. Dann geht es aber erst einmal zu Fuß los, und wir wandern flussaufwärts, queren den kleinen historischen Ludwig-Donau-Main-Kanal und steigen danach vom Donaudamm rechts herunter in die Fischergasse.

Zunächst folgen wir dem Linksknick der Fischergasse, biegen dann jedoch rechts in die Löwengrube ein und passieren die Franziskanerkirche, die heute ein Orgelmuseum beherbergt. Kurz danach beginnt links der Aufstieg zur Befreiungshalle.

Info

Bei Weltenburg fließt die Donau durch den Jura. Die begrenzenden Felswände sind 80 m hoch. An der engsten Stelle ist der Fluss ca. 110 m breit und 20 m tief. Die Strömung ist auch bei normalem Wasserstand entsprechend schnell, kann aber von motorisierten Schiffen leicht bewältigt werden.

Ludwigs Befreiungshalle

Wir wollen der »Waldroute II« bis nach Weltenburg folgen. In Kurven schlängelt sich der Weg steil das alte Donauhochufer hinauf. Zum Glück ist es schattig, denn wir kommen ins Schwitzen. Belohnt werden wir mit den ersten schönen Ausblicken über Kelheim. Dann lichtet sich der Wald, und wir stehen vor dem pompösen Treppenaufgang der Befreiungshalle.

König Ludwig I. von Bayern, der Initiator der Befreiungshalle, hatte als Kind und Jugendlicher die Französische Revolution erlebt und anschließend Napoleon als europäischen Diktator. Verständlich, dass aus ihm kein Freund Frankreichs wurde. Mit der Befreiungshalle, deren Bau 1842 auf seine Veranlassung begonnen wurde, wollte er an die gewonnenen Schlachten gegen Napoleon erinnern.

Von oben erkennt man, wie nah die Donau am Kloster Weltenburg vorbeifließt.

Barocker Hochaltar, der einem Bühnenbild gleicht

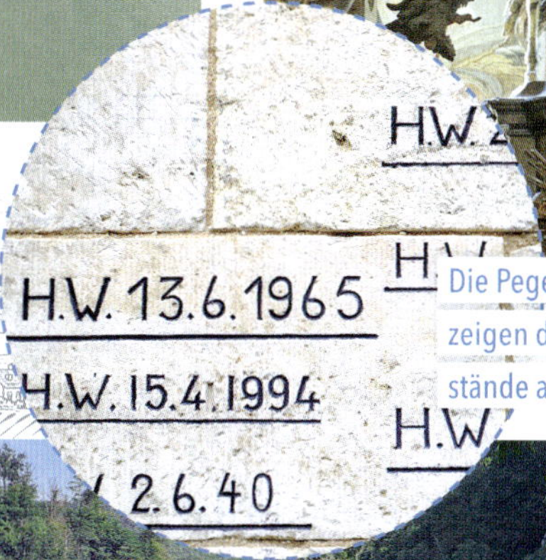

Die Pegel-Markierungen zeigen die Hochwasserstände an.

Mit Schiffen geht es durch den Donaudurchbruch zurück nach Kelheim.

leicht | 6,5 km | 150 Hm | 2 Std.

Auf einen Blick

Tourencharakter
Schattige Wanderung auf guten Wegen mit wenigen Anstiegen

Ausgangs-/Endpunkt
Kelheim

Anfahrt
Mit dem Zug nach Saal an der Donau und weiter mit Bussen 6009, 6036 oder 6049 nach Kelheim bis Haltestelle Wöhrdplatz/Zentrum. Die Rückfahrt vom Kloster Weltenburg erfolgt mit dem Schiff (unbedingt Rückfahrzeiten der Donauschiffe beachten, die Schiffe verkehren nur von Mitte März bis Anfang Nov.).

Einkehr
Am Kloster Weltenburg gibt es die legendäre Klosterschenke mit hauseigenem Bier, das in der ältesten Klosterbrauerei der Welt gebraut wurde (klosterschenke-weltenburg.de).

Weitere Informationen
■ *kelheim.de, schiffahrt-kelheim.de*

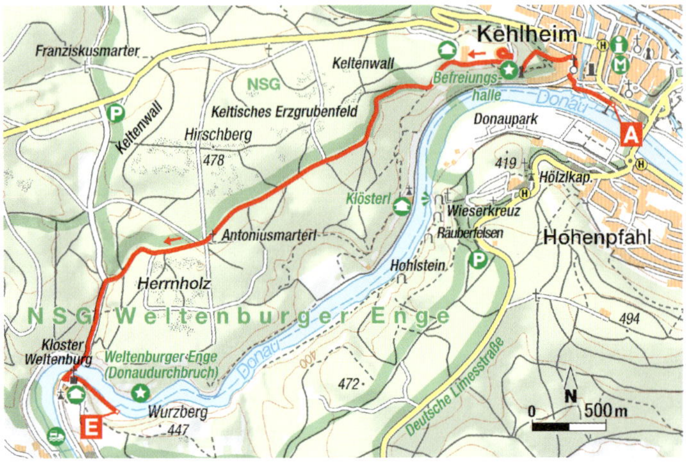

Die Befreiungshalle sollte man auch von innen besichtigen.

Aussicht über die Donau auf Kelheim

Der imposante Säulenbau lässt sich besichtigen, die Aussicht von dort ist ebenfalls sehr schön. Und wer schon Hunger verspürt, kann diesen im netten Café-Bistro Zur Befreiungshalle am Ende der Parkanlagen beim Museumsshop stillen.

Schattiges Donauhochufer

Dort setzt sich dann auch unsere ausgeschilderte Waldroute fort. Direkt hinter dem Café biegt unser Weg links in den Wald, und wir folgen nun immer der Beschilderung. Im leichten Auf und Ab, aber ohne größere Steigungen, wandern wir so Richtung Kloster Weltenburg. Das letzte Stück verliert der Weg dann rascher an Höhe, und wir erreichen das Donauufer. Auf der anderen Uferseite sehen wir bereits das Kloster Weltenburg. Sofern die Donau kein Hochwasser führt, befördert uns hier von April bis Anfang November gegen eine kleine Gebühr eine Zille, ein traditionelles Fischerboot, ans andere Ufer. Falls dies nicht der Fall sein sollte, müssen wir noch für einen knappen Kilometer weiter flussaufwärts wandern, um dann in Stausacker die Seilfähre zu nehmen.

Kunst von Weltrang

Am Kloster Weltenburg angekommen, lockt natürlich die Klosterschenke, falls wir unseren Kalorienverbrauch sogleich auffüllen wollen. Auf keinen Fall versäumen dürfen wir dann aber den Besuch der Klosterkirche. Hier zeigt sich Kunst von Weltrang in formvollendetem bayerischem Barockstil.

Tipp

Zurück in Kelheim sollte man unbedingt noch einen kleinen Rundgang durch die sehr hübsche Altstadt machen.

Das Kirchenschiff liegt im mystischen Halbdunkel, das gibt den richtigen Kontrast zum Hochaltar – hier stößt der Ritter Georg, geschnitzt von Egid Quirin Asam, sein Flammenschwert auf den Drachen und befreit die lybische Prinzessin Alexandra. Der ganz in Silber und Gold gefasste heilige Ritter und das ihn umspielende strahlende Licht symbolisieren seine himmlische Sendung. Die »irdische Welt«, also der Drache und die Prinzessin, werden dagegen in dunklen Farben gezeigt. Einen zweiten und jetzt direkten Blick in den Himmel erlaubt das Deckenfresko von Cosmas Damian Asam: im Zentrum die Dreifaltigkeit mit Maria, umgeben von allen wichtigen Heiligen, die im Kloster verehrt werden. Ganz am Rand blickt dann Cosmas Damian Asam, der Bruder von Egid Quirin, auf die Gläubigen hinunter, was den Übergang von der himmlischen zur irdischen Welt darstellt.

Wilder Donaudurchbruch

Nach dem Klosterbesuch folgen wir dem Donauufer auf der Klosterseite ein Stück flussabwärts bis zur Schiffsanlegestelle. Von dort bringt uns ein Schiff zurück nach Kelheim. Dabei ist die Fahrt auf diesem Flussabschnitt für sich schon ein Highlight, das jeder einmal im Leben erlebt haben sollte, denn sie führt durch das Naturschutzgebiet Donaudurchbruch.

DRACHENSTADT IM GRENZGEBIET

20 Furth im Wald und seine Highlights

»Es war einmal ein Drache …«, so beginnen viele Märchen, und manchmal werden sie Wirklichkeit: In Furth im Wald existiert ein Drache, und der darf zwei Wochen im Jahr seine Höhle für den Further Drachenstich verlassen. Und für den Rest des Sommers ist er in seiner Drachenhöhle zu finden …

Die Oberpfälzer Kleinstadt liegt zwischen dem Bayerischen und dem Oberpfälzer Wald unweit der tschechischen Grenze. Dort gibt es den größten ferngesteuerten Roboterdrachen Deutschlands.

Further Drachenfaszination

Begonnen hat alles mit dem Further Drachenstich, Bayerns ältestem Volksschauspiel, das mittlerweile zum immateriellen UNESCO-Welterbe zählt. Dort kämpft, wie sollte es auch anders sein, seit 500 Jahren das Gute gegen das Böse. Immer gilt es, den Drachen zu besiegen, und das seit vielen Jahrzehnten bei einer sommerlichen Festwoche. Das wilde Lagerleben »Caves Gladium« sowie ein Dutzend Festspielaufführungen mit 350 Laiendarstellern versetzen die Besucher ins tiefste Mittelalter, in eine Zeit, die von den Hussitenkriegen geprägt war. Höhepunkt der Festwochen ist der große historische Festzug mit 1200 kostümierten Teilnehmern, vielen Musikgruppen, Reitern und Wägen, darunter Nachbauten mittelalterlicher Trosswagen, Kaleschen und Kanonen.

Tradinno und seine Höhle

So wie sich jedoch die Festivitäten änderten, wandelte sich auch der Drache im Lauf der Zeit. Heute bewegt sich der riesengroße

Eine historische Setzerei ist in der Drachenschmiede Flederwisch zu sehen.

Stadtturm und Glockenspiel am ehemaligen Amtsgericht zieren den Further Stadtplatz.

Tipp

Unbedingt lohnenswert ist die Führung »Bewegter Drache« in der Drachenhöhle, ein absolut faszinierendes Ereignis, bei dem sich der Drache äußerst lebendig zeigt.

■ *further-drache.de, drachenstich.de*

Tradinno durch die Stadt – und das ist definitiv nicht irgendein Drache, sondern der größte ferngesteuerte Roboter auf vier Beinen. Er bewegt sich wie ein echter Drache, sieht aus wie ein echter Drache und spuckt Feuer wie ein echter Drache!

Wer nicht gerade zum Further Drachenstich anreist, kann Tradinno von April bis Oktober in seiner Drachenhöhle am Festplatz besuchen. Dort erfährt man alles über ihn (der übrigens von den Einheimischen »Fanny« genannt wird) und über den berühmten Drachenstich.

Flederwisch und Drachensee

Um den Tag in Furth im Wald vollkommen auszukosten, kann man neben der Drachenhöhle auch die mysteriöse Erlebniswelt Flederwisch nördlich des Bahnhofs besuchen, eine einmalige Welt der Technik und eine nostalgische Reise. Hier gibt es unglaublich viel zu entdecken, darunter Bayerns größte Dampfmaschine, einen verwunschenen Garten sowie einen bezaubernden Drachenladen nebst Café, und man kann sich im Goldwaschen und Edelsteinschürfen versuchen.

Besucher im Höhlensystem der Stadt

Die Further Felsengänge sind eine der großen Attraktionen und sehr sehenswert.

Im Stadtturm sind mehrere Museen untergebracht.

Tipp

Sehr spannend ist auch der Besuch der Further Felsengänge: Unter der Stadt erstreckt sich ein kilometerlanges Labyrinth, dessen Bedeutung und Geheimnisse in einer Führung gelüftet werden.
■ *drachenschmiede-fledderwisch-furth.de*

Wenn das Wetter sommerlich mitspielt, kann man mit dem Bus zum nahen Drachensee zum Baden fahren. Er liegt nur vier Kilometer entfernt und ist auch zu Fuß in einer knappen Stunde gut erreichbar. An der Strecke liegt der Wildgarten (wild-garten.de) mit seiner Unterwasserwelt. Wunderschön ist die Seeumrundung, wobei man an der Aussichtsplattform Eisenbrücke vorbeikommt. Zu guter Letzt bummelt man noch durch Furth, gönnt sich auf der Ratskeller-Terrasse einen Cappuccino oder einen Eisbecher und lauscht dabei dem Glockenspiel am ehemaligen Amtsgericht.

leicht beliebig

Auf einen Blick

Tourencharakter
Gemütlicher Stadtspaziergang. Vom Bahnhof erreicht man die Drachenhöhle in ca. 15 Min. zu Fuß.

Ausgangs-/Endpunkt
Furth im Wald

Anfahrt
Mit dem Regionalzug nach Furth im Wald

Einkehr
Gut essen kann man in Furth im Wald im Hotelgasthof Fellner (hotel-gasthof-fellner.com) unweit der Erlebniswelt Flederwisch oder im Gasthof Postgarten (gasthof-postgarten.de).

Noch wichtig
Erlebniswelt Flederwisch: geöffnet April bis Anfang Nov. Mo–So 10–17 Uhr (flederwisch.de)

Weitere Informationen
■ *furth.de*

Liebevolle Hauszeichen an der Tourist-Information

ZUM KÖNIG DES BAYERISCHEN WALDS

21 Am Großen Arber

Die Wanderung am Großen Arber gehört zu den Touren, die man unbedingt unternommen haben sollte. Deswegen werden wir hier nicht alleine unterwegs sein, dafür aber entschädigt uns bei gutem Wetter die großartige Rundumsicht weit in den Böhmerwald hinein und bis in die Alpen.

Wir beginnen unsere kurze Wanderung an der Talstation der Arber-Bergbahn und schweben völlig relaxed zur Bergstation hinauf. Oben angekommen, werden wir sogleich feststellen, dass wir hier nicht einsam unterwegs sind. Nur wenige Meter unter uns liegen das Arberschutzhaus, ein großes Bergrestaurant mit Sonnenterrasse, und gleich daneben die Eisensteiner Hütte. Zudem ist der Große Arber im Winter ein beliebtes Skigebiet, und dementsprechend gibt es zahlreiche Liftmasten und viel Bebauung.

Panoramafreuden

Bevor wir einkehren, wollen wir zuerst den Gipfel »erobern«, der uns wandertechnisch gesehen wirklich geschenkt wird. Leicht bergauf führt ein Wanderweg über einen Lifthang, dann teilt sich der Weg. Hier wenden wir uns nach rechts und erreichen so den Arbergipfel, den wir nur als solches erkennen, weil ihn ein Gipfelkreuz markiert. Er ist nicht spitz wie in den Alpen, sondern wird durch eine verhältnismäßig flache Hochebene von etwa 500 Metern Durchmesser gekennzeichnet, die nach allen Seiten hin recht steil abfällt. Das ist der Stumpf eines einst gewaltigen Berggipfels, der über Millionen von Jahren hinweg durch Erosion abgetragen wurde.

Auffälliger als der Gipfel sind die beiden mächtigen Radartürme, die von der Deutschen Luftwaffe betrieben werden. Von hier haben wir einen schönen Rundumblick. Gehen wir noch ein Stück weiter, kommen wir zum Kleinen Seeriegel, einem der vielen Minigipfel des Arbers. Tief unter uns liegen der Kleine Arbersee mit seinen schwimmenden Inseln und der Lamer Winkel. Dieses Tal, das sich vom Arber aus nach Westen zieht, hat der Weiße Regen im Lauf von Jahrtausenden ausge-

Tipp

Wenn vor der Abfahrt des Zugs in Bayerisch Eisenstein noch etwas Zeit bleibt, kann man dort die Museumsmeile mit den NaturparkWelten im historischen Grenzbahnhof, die Grenzglashütte und das Localbahn-Museum besuchen.

■ *naturparkwelten.de*
■ *blv-online.eu/museum_home*

Bayerisch Eisenstein ist mit seiner Museumsmeile einen längeren Besuch wert.

Herrliche Ausblicke sind gerade an klaren Tagen inklusive.

Arbermandl am winterlichen Arber

An Einkehrmöglichkeiten mangelt es an diesem Berg nicht.

mittel | 5 km | 400 Hm | 2.30 Std.

Auf einen Blick

Tourencharakter

Mithilfe der Arber-Bergbahn eine sehr leichte Tour. Wer diese sowohl für die Berg- als auch für die Talfahrt nützt, kommt nur auf knapp 100 Hm und ca. 1 km Spazierweg. Der Abstieg ist nicht schwer und nicht besonders steil, aber es ist ein Bergpfad! Trittsicher sollte man auf dem steinigen, wurzeligen Weg schon sein, der größtenteils durch schönen Wald führt.

Ausgangs-/Endpunkt

Talstation Arber-Bergbahn

Anfahrt

Mit dem Zug nach Bayerisch Eisenstein und weiter mit Regionalbus 6081 zur Talstation

Einkehr

Am Gipfel Arberschutzhaus (mit Übernachtungsmöglichkeit; arberschutzhaus.de) und Zwieseler Hütte (zwieseler-huette.de), neben der Talstation das Gasthaus zur Gondelbahn

Weitere Informationen

arber.de

Mit den Radomen am Gipfel wurde einst der Luftraum im Ostblock überwacht.

Sogar im Winter lässt sich der Arber erobern: am besten auf Skiern.

graben; der Fluss entspringt dem Kleinen Arbersee und heißt zuerst Seebach, ehe er dann unten im Tal bei Seebach zum Weißen Regen wird.

Nach Westen hin zieht sich der langgestreckte Höhenrücken des Kaitersbergs, der den Lamer Winkel vom Zeller Tal trennt. Mit einem guten Fernglas kann man ziemlich weit im Westen den Großen Riedelstein erkennen, dessen Waldschmidt-Denkmal gleich einem Obelisken aus den Bäumen des Waldes hervorragt.

Zur Arberkapelle

Jetzt wendet sich der Weg nach Süden, denn wir sind am Westrand des Arberplateaus angekommen und können noch auf den Bodenmaiser Riegel steigen. Im Süden sehen wir nun die Berge des Vorwalds und dahinter – aber nur bei Föhn deutlich sichtbar – die Chiemgauer Alpen mit der gezackten Kampenwand, die man mit dem Fernglas gut ausmachen kann.

Tipp

Bei genauem Hinschauen und mit etwas Fantasie erkennt man am Felsen des Bodenmaiser Riegels das Profil des Komponisten Richard Wagner. Dieser war zwar nie auf dem Großen Arber, aber mit seiner unverkennbaren Ähnlichkeit musste man den Felsen wohl nach ihm benennen.

Um unsere Runde auf dem Gipfelplateau zu vollenden, halten wir uns nun links und steigen dann rechts an der Zwieseler Hütte vorbei zur Arberkapelle hinunter. Ihre Vorgängerin wurde schon 1806 erbaut. Nachdem die alte Kapelle durch die extremen Witterungsverhältnisse mehrere Male zusammengebrochen war, stiftete der Grundherr, Fürst Friedrich Wilhelm von Hohenzollern, 1957 den Neubau. Um diesen findet alljährlich am vorletzten Sonntag im August die Arber-Bergkirchweih statt: Dieses traditionelle Bayerwald-Fest wird mit einem Gottesdienst am Vormittag und dann mit Musik und Tanz rund um das Arberschutzhaus gefeiert. Das Fest ist nicht nur aufgrund der farbenfrohen Trachten ein tolles Erlebnis.

Einkehr und Abstieg

Jetzt sind wir am Ende des Rundgangs angelangt, und es ist nicht mehr weit bis zum Arberschutzhaus oder zur Eisensteiner Hütte, wo wir uns mit einer Brotzeit belohnen können – falls wir nicht schon zuvor die gute Küche der Zwieseler Hütte genossen haben. Dann müssen wir uns entscheiden: Schweben wir wieder mit der Gondel ins Tal oder haben wir doch noch Lust auf eine kleine Wanderung? Genau gegenüber der Sonnenterrasse des Arberschutzhauses beginnt der Abstieg über den Wanderweg Nr. 12. Vorbei an einem Lifthäuschen führt uns der Weg in den Wald. Die Strecke ist hier identisch mit dem Goldsteig, einem der Weitwanderwege des Bayerischen Walds. Anfangs ist der Weg etwas ruppig, ein echter Bergwanderweg eben, und der steinige Untergrund verlangt gesteigerte Aufmerksamkeit. Doch je weiter wir absteigen, desto einfacher wird es. Schließlich erreichen wir einen bequemen Forstweg, und zu guter Letzt geht es nach links parallel und mit etwas Abstand von der Brennesstraße zur Talstation der Arber-Bergbahn.

IM NATIONALPARK BAYERISCHER WALD

22

Baumwipfelpfad Neuschönau

Als riesengroßes »Ei« entpuppt sich der Baumwipfelpfad am Nationalparkzentrum Lusen in der Nähe von Neuschönau. Hinzu kommen ein ebenso recht großes Tierfreigehege und das Besucherzentrum selbst, das uns hervorragend über den Bayerischen Wald informiert.

Eigentlich müsste man mindestens eine Nacht in der Gegend um Neuschönau verbringen, denn allein der hier vorgeschlagene Ausflug ist schon tagesfüllend. Haben wir uns im Besucherzentrum das theoretische Wissen über den Bayerischen Wald angeeignet, müssen wir uns diesen am zweiten Tag mit einer Wanderung auch live ansehen. Einziger Wermutstropfen: Der Baumwipfelpfad und alle anderen Attraktionen sind eigentlich nur ab Mitte Mai bis zum Ende der bayerischen Herbstferien gut mit dem ÖPNV erreichbar, denn nur in diesem Zeitraum fährt der Igelbus.

Natur Natur sein lassen

Der Nationalpark Bayerischer Wald gilt als Inbegriff für grüne und intakte Natur und hat überall Anerkennung gefunden. Das ist jedoch nicht immer so gewesen. War die Stimmung der Bevölkerung nach seiner Gründung 1970 zunächst einmal abwartend, so schlug sie in offene Ablehnung um, als man sich 1983 nach einem schweren Sturm entschloss, die Windwurfflächen nicht aufzuarbeiten. Diese Ablehnung wurde noch intensiver, als sich kurz darauf der Borkenkäfer so stark vermehrte, dass in großen Bereichen der Bergwald total vernichtet wurde. Als damals die Bilder von den kahlgefressenen, abgestorbenen Wäldern rund um die Welt gingen, war großes Stehvermögen der Verantwortlichen gefordert, um das Motto des Nationalparks »Die Natur Natur sein lassen« weiter durchzuhalten. Das bewies vor allem der damalige bayerische Staatsminister für Landwirtschaft

Viel Wissenswertes rund um den Bayerischen Wald erfährt man im Hans-Eisenmann-Haus.

Neben den Wölfen im Tierfreigelände leben im Bayerischen Wald auch ein paar Wölfe völlig frei.

Jener Waldfleck gehört zu den reizendsten unserer Erde. (Adalbert Stifter)

Tipp

Rund um den Baumwipfelpfad werden viele Veranstaltungen des Nationalparks angeboten. Sehr interessant sind die abendlichen Fledermaus- oder Vogel-Führungen (beginnen in den Sommermonaten erst sehr spät bei Einbruch der Nacht).

Neben dem Hans-Eisenmann-Haus plätschert Wasser in einem Teich.

Wandertipp

Wer in der Nähe von Neuschönau übernachtet, kann eine kleine Bergtour auf den Lusen unternehmen – mit gerade mal 300 Hm und 3 Std. Gehzeit ist der Weg nicht zu beschwerlich.

und Forsten Hans Eisenmann. Er stellte sich unabhängig vom Druck der Bevölkerung eindeutig hinter die Idee des Nationalparks, obwohl er genau wusste, dass ihm die Natur erst Jahrzehnte später Recht geben würde (er verstarb 1987).

Nationalparkzentrum und Baumwipfelpfad

Mehr als vier Jahrzehnte sind seit der großen Katastrophe vergangen, und wenn wir heute durch den Nationalpark wandern, sehen wir neues artenreiches Leben, das ganz ohne menschliches Zutun von allein gewachsen ist. Um die großen Verdienste des Ministers für den Nationalpark dauerhaft zu dokumentieren, hat man das Besucherzentrum in Neuschönau nach ihm Hans-Eisenmann-Haus genannt. Es informiert über alle Besonderheiten des Bayerischen Walds, und schon hier lernen wir viel über seine Flora und Fauna. Neben dem Informationshaus liegt unübersehbar der Baumwipfelpfad. Mit einer Gesamtlänge von 1300 Metern ist er der weltweit längste Naturlehrpfad seiner Art. Die überwiegend aus Holz erbaute Konstruktion hat die Form eines großen Eis, zu dessen Spitze man sich in vielen Windungen hinaufbewegt. Vom höchsten Punkt, der 44 Meter hohen Plattform, genießt man einen sensationellen 360°-Blick, der die Kontraste des Bayerischen Walds vor Augen führt: im Norden endlos weite bewaldete Hügel, die die unberührte Natur und Einsamkeit zeigen; im Süden dagegen sehen wir die gepflegte und besiedelte

Kulturlandschaft mit ihren vielen kleinen Dörfern und Weilern – eine Sicht, die an klaren Tagen nur von den Alpen begrenzt wird.

Durchs Tierfreigelände

Zwischen dem Baumwipfelpfad und dem Tierfreigelände liegt nur die Nationalparkstraße, die wir rasch queren. Dann trennt uns nichts mehr von Luchsen, Habichtskäuzen, Wölfen, Wisenten, Fischottern, Bären, Wildschweinen, Hirschen und Auerhühnern. Sogar ein paar Reptilien kann man im Tierfreigelände erleben. Alle sind hier im Bayerischen Wald heimisch, aber eben in ganz freier Wildbahn nur sehr selten zu sehen. Die Tiere sind in großräumigen, naturnahen Gehegen und Volieren untergebracht. Um sie alle zu besuchen, können wir uns auf einen sieben Kilometer langen Rundweg machen, der mitten durch den Wald führt. Abkürzungen sind dabei an mehreren Stellen möglich.

Die Holzkonstruktion am Baumwipfelpfad ist beeindruckend.

leicht

beliebig

Auf einen Blick

Tourencharakter
Gemütlicher Spaziergang zu den Sehenswürdigkeiten, wobei mit dem Rundgang durch das Freigelände und mit dem Aufstieg zum Baumwipfelpfad ein paar Kilometer zusammenkommen (Rundweg 7 km, auf das Ü-Ei 1,3 km/25 Hm)

Ausgangs-/Endpunkt
Bushaltstelle Nationalparkzentrum Lusen

Anfahrt
Mit dem Zug nach Grafenau oder Spiegelau, weiter mit dem Igelbus zur Bushaltestelle Nationalparkzentrum Lusen. Achtung: Der Igelbus verkehr i. d. R. nur von Mitte Mai bis Ende Okt., außerhalb dieser Zeit ist es schwierig, mit ÖPNV das Ausflugsziel zu erreichen.

Einkehr
Am Hans-Eisenmann-Haus gibt es ein Café und eine Waldwirtschaft.

Noch wichtig
Baumwipfelpfad: geöffnet Mai–Nov. täglich 9.30–18 Uhr, im Hochsommer eine Stunde länger (treetop-walks.com)
Nationalparkzentrum: geöffnet täglich 9–18 Uhr, in der Nebensaison eine Stunde kürzer, 9.11.–25.12. geschlossen; freier Eintritt, nur manche Veranstaltungen kosten extra
Tierfreigelände: jederzeit frei und kostenlos zugänglich

Weitere Informationen
■ *nationalpark-bayerischer-wald.bayern.de*

Bayerische Freilichtmuseen

Leben wie in alten Zeiten: Ganz automatisch begibt man sich in einem Freilichtmuseum auf eine Zeitreise in die Vergangenheit. Nirgendwo sonst kann man auf oft engstem Raum die Kultur der einzelnen bayerischen Regionen nicht nur erspüren, sondern richtig erleben.

Freilichtmuseum Glentleiten: Vom Bahnhof in Kochel mit dem Bus und ein Stück zu Fuß zum größten Freilichtmuseum in Bayern. Es wurde bei Großweil an einem Hang hoch über dem Loisachmoor errichtet. Feinste Aussichten auf die umliegenden Berge sind garantiert. Es gibt viele besondere Veranstaltungen auf dem Gelände wie Handwerker, Mühlen-, Dresch- oder Musiktage.
Bahnhof Kochel am See
glentleiten.de

Fränkisches Freilandmuseum Fladungen: Liegt in der Rhön, mitten im Dreiländereck Bayern/Hessen/Thüringen. Wer sich einen der besonderen Museumstage zwischen Mai und Oktober aussucht, kann vom Bahnhof Mellrichstadt über Ostheim und Nordheim mit der historischen Dampfeisenbahn, dem Rhön-Zügle, anreisen. Ansonsten gibt es einen Bus ab dem Bahnhof Bad Neustadt.
Bahnhof Mellrichstadt
freilandmuseum-fladungen.de

Fränkisches Freilandmuseum Bad Windsheim: Liegt im Süden der Stadt. Das Gelände erreicht man mit einem ca. 20-minütigen Fußmarsch vom Bahnhof. Das große Museumsgelände begeistert mit typisch fränkischen Fachwerkhäusern, mittelalterlichem Badehaus, einer jüdischen Synagoge, Hopfengärten, Obstwiesen u. v. m.
Bahnhof Bad Windsheim
freilandmuseum.de

Schwäbisches Freilichtmuseum Illerbeuren: Über 30 Gebäude, die ältesten ca. 400 Jahre alt, zeigt das 1955 eröffnete schwäbische Museum, und es wächst weiter. Es gibt ein großes Rahmenprogramm mit Workshops. Wer schon immer wissen wollte, wie man Käse oder Seifen herstellt, Obstbäume richtig schneidet, Brot im Holzofen bäckt oder mit der Sense mäht, der besucht Illerbeuren.
Bahnhof Memmingen
bauernhofmuseum.de

Freilichtmuseum Massing und Finsterau: Das Museum in Massing vermittelt, wie die Menschen früher in Niederbayern lebten, in Finsterau werden die Gebäude und die Lebensweise der Bevölkerung im Bayerischen Wald gezeigt. Massing ist leicht direkt ab dem dortigen Bahnhof erreichbar, Finsterau hingegen liegt sehr abseits – von Mai bis Oktober verkehrt dorthin die Ilztalbahn ab dem Bahnhof Passau; Ausstieg ist in Freyung, dann geht's mit dem Bus weiter.

🚆 *Bahnhof Massing*
■ *freilichtmuseum.de*

Markus Wasmeier Freilichtmuseum Schliersee: Vom Bahnhof Neuhaus am Schliersee schnell erreichbar – raus aus dem Zug und rein in das nachgebaute altbayerische Dorf, das vom ehemaligen Skirennläufer und Olympiasieger Markus Wasmeier betrieben wird.

🚆 *Bahnhof Fischhausen/Neuhaus*
■ *wasmeier.de*

Freilandmuseum Kirchenburg Mönchsondheim: Liegt südlich von Iphofen in Franken. Das Besondere daran: Alle Museumsgebäude stehen an ihrem ursprünglichen Ort! Um eine Kirchenburg gruppieren sich Schule, Rathaus, Wirtshaus, Krämerladen und Kleinbauernhof. Erreichbar mit Bus 8107 von Iphofen-Busbahnhof bis Haltestelle Mönchsondheim/Gasthaus Krone

🚆 *Bahnhof Iphofen*
■ *kirchenburgmuseum.de*

Gärtner- und Häckermuseum Bamberg: Fällt etwas aus der Reihe, denn es ist das einzige Museum in Süddeutschland, das sich dem Thema des gewerblichen innerstädtischen Gemüse- und Weinanbaus widmet. Untergebracht ist es in einem typischen Gärtnerhaus von 1767; hier erfährt man, wie um 1900 mitten in der Stadt Lebensmittel angebaut wurden. Zählt heute zum immateriellen UNESCO-Weltkulturerbe

🚆 *Bahnhof Bamberg*
■ *gaertner-und-haecker-museum.byseum.de*

Allgäuer Bergbauernmuseum Immenstadt-Diepolz: Liegt an einem Hang oberhalb des Großen Alpsees und ist mit dem Bus ab Immenstadt erreichbar. Es gibt Bauernhöfe mit Tieren und eine echte Alpe, gleich daneben liegt eine Sennerei. Man kann den Besuch mit einer Wanderung auf dem Kunigundenweg verknüpfen.

🚆 *Bahnhof Immenstadt*
■ *bergbauernmuseum.de*

Bauernhausmuseum Amerang: Im Sommer jeden Sonntag mit der historischen Chiemgauer Lokalbahn (kostet extra) erreichbar. Ansonsten fährt der Bus ab Bad Endorf zu dem kleinen Museum, das einstiges Leben, Handwerken und Arbeiten in der Region zwischen dem Inn und der Salzach zeigt.

🚆 *Bahnhof Bad Endorf*
■ *bhm-amerang.de*

Der Alatsee bei Füssen ist nur eines der vielen Beispiele, die zeigen, dass Berge, Seen und Moore Bayerns Süden ausmachen (Tour 29).

KLEINE AUSZEITEN

In Bayerns Süden

EIN TAG IN DER STADT AN DER ISAR

23

Die alte Residenzstadt Landshut

Landshut an der Isar liegt nur rund 70 Kilometer von München entfernt, gehört aber schon zu Niederbayern. Die Stadt hinterlässt mit ihrem großen historischen Erbe, den vielen kulturellen Veranstaltungen und der einladenden Atmosphäre einen bleibenden Eindruck.

Spannender Geschichte, hoher Kunst und modernem Leben begegnen wir in Landshut auf Schritt und Tritt. Bei einem ausgedehnten Stadtspaziergang wollen wir das alles genau erkunden.

Selig im barocken Kloster

Unser Ausgangspunkt ist der Bahnhof in Landshut, und mit dem Bahnhofsgebäude im Rücken wählen wir die Unterführung, um sicher auf die andere Seite der großen B 15 zu gelangen. Wir überqueren auf der Mainburger Brücke die Flutmulde der Pfettrach und halten uns dann zweimal links, um entlang der Grünanlage zur größeren Nikolastraße zu kommen. Diese queren wir leicht nach rechts in die Seligenthaler Straße, gehen geradeaus über die Johannisstraße und erreichen schließlich am Bismarckplatz die Zisterzienserinnenabtei Seligenthal.

Über die Pforte und einen Innenhof kommen wir zur Klosterkirche Mariä Himmelfahrt mit ihrer überreichen Barockausstattung. Die Gestaltung und vor allem die Deckenbilder mit dem Marienleben stammen vom Münchner Stuckateur und Maler Johann Baptist Zimmermann. Verstehen kann man diese Vielfalt nur vor dem Hintergrund, dass man im 18. Jahrhundert glaubte, in der Kirche einen Blick in den Himmel zu erlangen. Wir empfehlen, an einer Klosterführung teilzunehmen – dann bekommt man neben der Klosterkirche auch den Kreuzgang und die Afra-Kapelle mit ihren romanischen Stifterfiguren zu sehen.

Tipp

An die Burg Trausnitz schließt sich der große bewaldete Hofgarten an. Er ist von vielen Spazierwegen durchzogen und lädt zu weiteren Erkundungen ein.

Durch die Altstadt

Vom langgezogenen Bismarckplatz überquert man auf der Zweibrückenstraße zuerst die Kleine Isar und erreicht damit die Mühleninsel. Kurz darauf geht es über die eigentliche Isar, die hier vorgibt, ein großer Strom zu sein. Das ist jedoch ein Schwindel, es wirkt nur so, denn ein Stück weiter staut das Maxwehr den Fluss auf. Von der Zweibrückenstraße aus erreichen wir direkt die »Altstadt«, so nennt sich auch die Hauptstraße, das Herz

In Landshut kann man gut und gern auch eine Nacht verbringen.

Am Bischof-Sailler-Platz sitzt man vor dem Ursulinenkloster.

Stadtoase Freyung unter der Burg Trausnitz

Landshuts Prachtstraße mit den farbenfrohen Bürgerhäusern

Die Isar ist die Lebensader der Stadt Landshut.

Ausblick von der Carossa-Höhe auf die Burg Trausnitz

Landshuts. Hier reihen sich die vielen hübschen und bunten Bürgerhäuser aneinander, eines schöner als das andere. Ziemlich in der Mitte der langgezogenen Straße befindet sich auf der linken Seite das Rathaus mit seiner großen Uhr, das eigentlich aus drei Einzelhäusern besteht, die im Lauf der Zeit zusammengebaut wurden. Interessant ist der große Rathaussaal im Mittelbau, der vom Münchner Architekten Georg Hauberrisser ausgestaltet wurde. Die Wandbilder zeigen die Landshuter Hochzeit.

Stadtresidenz und St. Martin

Schräg gegenüber finden wir die Wittelsbacher Stadtresidenz. Der prächtige Renaissancebau macht einen sehr italienischen Eindruck. Das ist kein Wunder, denn der Bauherr, Herzog Ludwig X., war Ostern 1536 beim Fürsten Frederico Gonzaga zu Gast und lernte damit aus erster Hand kennen, wo und wie ein italienischer Fürst lebte und wohnte. Noch in diesem Jahr begann er den Neubau seiner Residenz mit dem der Altstadt zugewandten Deutschen Bau. In den nachfolgenden Jahren wurde die Palastanlage mit zwei Seitenflügeln und dem Italienischen Bau an der Ländgasse vollendet. Reiche Wandmalereien mit Themen aus der griechischen und römischen Mythologie schmücken die Räume. Allerdings kann die Residenz wegen Baumaßnahmen bis auf Weiteres

Der weite Innenhof der Burg Trausnitz zeigt die Größe des Bauwerks.

nicht besichtigt werden. Schon von der Residenz aus nimmt der Turm der Kirche St. Martin unseren Blick gefangen. Kein Wunder, ist er doch mehr als 130 Meter hoch und gilt heute als der höchste aus Ziegeln erbaute Kirchturm der Welt. 1385 begann man mit dem Bau, um 1500 wurde er fertiggestellt. Am besten betritt man die tagsüber frei zugängliche Kirche durch das Westportal – die Pfeiler sind überwältigende 22 Meter hoch (aber nur einen Meter breit), und man hat das Gefühl, sie würden in die Unendlichkeit reichen. Zwei Bildwerke sollte man sich genauer ansehen: zum einen das acht Meter lange Chorbogenkreuz, das der Ulmer Bildschnitzer 1495 schuf, und zum andern die wunderschöne Madonna im Rosenkranz von Hans Leinberger (um 1516).

Tipp

Besonderes Highlight: die alle vier Jahre stattfindende Landshuter Hochzeit, ein historisches Fest, das die ganze Stadt in das Mittelalter zurückversetzt. Die prächtigen Kostüme, die festliche Atmosphäre und die traditionsreichen Bräuche machen dieses Spektakel zu einem unvergesslichen Erlebnis.

■ *landshuter-hochzeit.de*

Zur Burg Trausnitz

Nun wollen wir noch die Burg Trausnitz besichtigen. Dafür spazieren wir ans Ende der Altstadt zum Dreifaltigkeitsplatz und biegen links in die Alte Bergstraße ein. Dort geht es links steil, aber schnell und direkt zur Burg hinauf. Wem das zu anstrengend ist, der geht am Ristorante Rossini vorbei zur Straße Am Graben und nimmt den bequemeren Königsweg. Beide Varianten führen über die Vorburg zum Innenhof der Burg Trausnitz. Als Erstes erwartet uns ein langgestreckter Burghof

leicht

beliebig

Auf einen Blick

Tourencharakter
Gemütlicher Stadtspaziergang mit ein paar Höhenmetern beim Aufstieg zur Burg. Dorthin fährt aber auch der Bus 7 aus der Altstadt.

Ausgangs-/Endpunkt
Bahnhof Landshut

Anfahrt
Mit der Regionalbahn nach Landshut. Die Busse 3 und 6 fahren aus der Altstadt zum Bahnhof zurück.

Einkehr
Augustiner an der St.-Martins-Kirche (landshut-augustiner.de), Neue Burgschänke auf Burg Trausnitz (landshut-burgschaenke.de), Zimtschneckal & Zwidawurz (So/Mo Ruhetage; zimtundzwida.de)

Noch wichtig
Burg Trausnitz mit Kunst- und Wunderkammer: geöffnet 31.3.–3.10. täglich 9–18 Uhr, 4.10.–30.3. täglich 10–16 Uhr. Mo–Sa Besichtigung der Burg nur mit Führung (alle 30 Min.), So/Feiertage Rundgang ohne Führung möglich (burg-trausnitz.de)

Weitere Informationen
■ *landshut.de*

Die Martinskirche ist das höchste Gebäude der Stadt.

mit seinen Lauben – diese Bauform kam mit der italienischen Renaissance über die Alpen und wurde, weil man jetzt jedes Zimmer direkt erreichen konnte, überall begeistert aufgenommen. Besonders hervorzuheben ist die Burgkapelle mit ihren Skulpturen, die alle in der Zeit der Gotik entstanden sind. Berühmt geworden ist die Narrentreppe mit Fresken, deren Vorlagen aus der italienischen Commedia dell'arte stammen. Im Inneren der Burg ist die Kunst- und Wunderkammer, eine Zweigstelle des Bayerischen Nationalmuseums, zu finden.

Herrliche Aussichten

Bevor wir in die Stadt zurückkehren, gönnen wir uns noch einen schönen Blick über Landshut – dazu verlassen wir das Burgareal auf der Ostseite und gehen an der Außenseite der Burg entlang in den Hofgarten mit seinem herrlichen Aussichtspunkt: Vor uns steht die Martinskirche in ihrer ganzen Pracht, und unter uns liegt das Straßengewirr der Altstadt mit der Isar im Hintergrund.

Für den Rückweg wählen wir einen der vielen Wege, die abwärts in die Stadt führen. Jetzt sollten wir unbedingt noch durch die Spiegelgasse, eine Parallelstraße zur »Altstadt«, und durch die »Neustadt« spazieren und dieses ebenfalls wunderschöne Stadtbild genießen. Die nach links abzweigenden Gassen führen zur Hauptstraße zurück. Um wieder zum Bahnhof zu gelangen, kann man auch den Bus nehmen – er startet unweit des Rathauses –, oder wir spazieren wieder über die Mühleninsel zurück, die wir dabei noch etwas genauer besichtigen können.

Hinsetzen, Kaffee trinken, das Treiben beobachten und das Stadtleben genießen

Die Pfarrkirche St. Jodok wirkt der Basilika St. Martin gegenüber ganz klein.

Schmiedeeiserner Ziehbrunnen an der Burg Trausnitz

S-BAHN-WANDERUNG BEI MÜNCHEN

24

Über den Petersberg nach Altomünster

Zwischen Erdweg und Altomünster verläuft der InSichGehen-Weg, eine wunderbar meditative Wanderung durch das Dachauer Hinterland. Die Basilika am Petersberg und die Klosterkirche St. Alto und St. Birgitta bilden den Beginn und den Abschluss dazu.

Vom S-Bahnhof in Erdweg folgen wir den grünen Wanderwegschildern mit dem InSichGehen-Logo. Der Weg ist perfekt ausgeschildert. Er führt uns zunächst neben der Straße über die Glonn zum Petersberg, den wir schnell ersteigen. Neben dem Bildungshaus thront die romanischen Basilika St. Peter, die zu den ältesten Kirchenbauten in Bayern gehört. Ihre wunderbare Ausmalung stammt von 1100 und beeindruckt durch die ausdrucksstarken Gesichtszüge.

Beim Abstieg quert man die S-Bahn und dann Eisenhofen. Der Weg setzt sich über die Felder nach Norden fort bis zu dem Ort Happach. Insgesamt treffen wir unterwegs auf 13 Stationen zum Thema »In sich gehen«. Abwechslungsreich laden diese zum Mitmachen, zum Schuheausziehen oder zum Musizieren ein. Skulpturen, Planeten und ein Mosaik sind inkludiert.

Tipp

Da der Streckenverlauf wenig Schatten aufweist, eignet sich die Tour gut fürs Frühjahr oder den Herbst, jedoch weniger für den Hochsommer.

Birgittenkloster Altomünster

So vergeht schnell die Zeit, und wir erreichen nach etwa drei Stunden Gehzeit (ohne Pausen gerechnet) durch einen dunklen Tunnel das Kloster Altomünster. Hier können wir gut einkehren, aber natürlich gehört auch das Kloster besichtigt, ehe wir vom S-Bahnhof Altomünster die Heimfahrt antreten.

Die Gründung von Altomünster lässt sich auf den Heiligen Alto zurückführen, der sich der Legende nach im 8. Jahrhundert in dieser Gegend als Einsiedler und Mönch niederließ. Das ursprüngliche Benediktinerkloster Altomünster gehörte seit 1497 den Nonnen des Erlöserordens, der von der Heiligen Birgitta von Schweden begründet wurde. Auch nach der Säkularisation 1803 verblieben die Schwestern im Kloster, bis dieses 2018 aus Mangel an Nachwuchs endgültig aufgelöst wurde.

mittel | 11 km | 100 Hm | 3 Std.

Auf einen Blick

Tourencharakter
Überwiegend naturbelassene Wege mit nur kleinen Anstiegen. Die Tour lässt sich abkürzen. Sehr sonnig!

Ausgangspunkt
Erdweg

Endpunkt
Altomünster

Anfahrt
Vom Münchner Hauptbahnhof mit der S2 nach Dachau, dann mit Linie A bis Erdweg. Rückfahrt ab Altomünster mit der S2

Einkehr
In Erdweg, Kleinberghofen, Eisenhofen und Altomünster gibt es Einkehrmöglichkeiten.

Weitere Informationen
altomuenster.de

Altomünster mit seiner barocken Kirche

St. Peter wurde bereits im 9. Jahrhundert errichtet.

WILDPARK, LECH UND STADTFEELING

25

Von Landsberg in die Pössinger Au

Landsberg am Lech gehört zu den »Secret Citys« in Oberbayern: klein, aber oho! Und das nicht nur wegen Landsbergs entzückender Altstadt mit den vielen historischen Bauten, sondern auch wegen seiner wunderschönen Lage direkt am Fluss.

Bei diesem Ausflug wollen wir beides miteinander verbinden. Vom Bahnhof starten wir zu einer Wanderung durch die grünen Lechauen und krönen dann das Ganze mit einem Bummel und einer Sightseeingtour durch die Stadt. Dazu benötigen wir nur bequemes Schuhwerk, und schon geht es direkt vom Bahnhof Landsberg am Lech los.

Lechstaustufen am Karolinenwehr

Hier wenden wir uns nach rechts, gehen über den Bahnhofsvorplatz zur Katharinenstraße und folgen ihr nach links in wenigen Schritten zum Lech. Schon stehen wir vor der Postkartenansicht von Landsberg, denn direkt an der Stadt rauscht der Lech in vier Stufen über das Karolinenwehr.

Der Lech hat bis hierher schon mehr als die Hälfte seines Wegs zurückgelegt. Er entspringt im österreichischen Vorarlberg und mündet bei Marxheim in die Donau. Bereits ab Füssen wird der Fluss mehrmals zur Energiegewinnung aufgestaut und reguliert. Einer der Vorteile ist der Hochwasserschutz, aber durch die starken baulichen Veränderungen gibt es auch zwangsläufig negative Folgen für die heimische Tier- und Pflanzenwelt.

Viel davon bemerken werden wir bei der Wanderung nicht, aber schon das große Karolinenwehr gibt uns einen ersten Eindruck von der Nutzung des Lechs. Es wurde in einfacher Form bereits 1364 errichtet, um Wasser für die Mühlen der Stadt abzuleiten. Von den Flößern konnte es früher mit einer Floßrutsche, der Langen Fahrt, umgangen werden. Das Wehr dient heute noch als Hochwasserschutz und zur Energiegewinnung.

Tipp

Durch den Schmalzturm kann man zum Schlossberg hinaufsteigen und die malerischen Gassen, die alte Stadtbefestigung, das prächtige Bayertor, das Schloss und das kleine Hexenviertel erkunden.

Wildpark Pössinger Au

Am Ufer halten wir uns rechts und queren auf der Karolinenbrücke den Fluss. Auf der anderen Seite biegen wir links in die Gasse Klösterl ein und stehen nach der malerischen Häuserzeile unvermittelt im Grünen. Hier sind wir schon auf dem Wildparkweg

Durch den Schmalzturm geht es ins Hexenviertel.

Die Kirche Mariä Himmelfahrt steht mitten in der Altstadt.

Heimische Tiere im Wildpark

Direkt am Lech ist es besonders schön zum Flanieren.

Das Teufelsloch bei der Teufelsküche

mitten in der Pössinger Au unterwegs. Der Wildpark und die Teufelsküche sind ausgeschildert und obendrein frei zugänglich. So gibt es hier einen Naturlehrpfad mit Informationstafeln, ein Wildsaugehege, ein Kneippbecken und einen großen Wasserspielplatz, der vor allem für Familien interessant sein dürfte. Je nach Jahreszeit läuft uns das Damwild frei über den Weg, dazu lassen sich Biberspuren entdecken. Deswegen gehören hier Hunde unbedingt an die Leine!

Mehrere Wege führen durch die Au. Wir wählen den, der zum Wildschweingehege führt, was bedeutet, dass wir bald den Lech nach links weg verlassen. Erst nach der Sauschütt erreichen wir wieder den Fluss und bleiben ihm schließlich bis zur Teufelsküche treu.

Tipp

Eine Besichtigung lohnen auch der Mutterturm und das Herkomermuseum, beide etwas flussabwärts auf der Bahnhofseite gelegen. Der Künstler Sir Hubert von Herkomer ließ den Turm um 1885 zu Ehren seiner Mutter errichten; im angeschlossenen Museum, dem ehemaligen Wohnsitz des Malers und Bildhauers, werden viele seiner Werke gezeigt.

■ *herkomer.de*

Teufelsschlucht und Teufelsloch

Die Teufelsküche auf einer kleinen Lichtung ist ein beliebtes Ausflugslokal mit modernem Ambiente ohne jeden Schnörkel. Egal bei welchem Wetter man hier eintrifft, der Blick auf den Lech ist garantiert – entweder von der Terrasse oder durch die großen Fensterscheiben im Inneren. An der Teufelsküche fließt der Dorfängerbach in den Lech, und diesem werden wir nun für den Rückweg ein Stück folgen. Dafür durchwandern wir die Teufelsschlucht, eine spannende geologische Erkundungstour. Ein Treppenweg führt zunächst zu einem Kalktuffwall, an dem sich das kalkhaltige Wasser in Sinterstufen absetzt. Etwas weiter erreichen wir den aufgestauten Bach mit seinem türkisfarbenen Wasser, das Teufelsloch.

Die Bilderbuchansicht von Landsbergs Altstadt erleben wir am Karolinenwehr.

Die Teufelsküche liegt auf halbem Weg und lockt zu einer Einkehr.

Zum Hochufer

Wir steigen ein Stück zu einer Weggabelung auf, biegen rechts ein und wandern durch herrlichen Wald weiter bergauf bis zu einem kleinen Wanderparkplatz. Dort geht es für uns nach links, immer noch bergauf. Wir merken, der Lech hat ein gewaltiges Hochufer geschaffen. Dann senkt sich der Forstweg leicht, gewinnt ein letztes Mal an Höhe, und schließlich erreichen wir an einem Wanderparkplatz am Campingplatz das Hochufer.

Ein kurzes Stück sind wir auf der geteerten Zufahrtsstraße unterwegs, dann passieren wir einen Pferdehof und biegen an den Feldern links ab. Knapp 400 Meter folgen wir der Straße, dann beginnt links ein Wanderpfad, der uns direkt an der Hangkante und am Waldrand entlang weiterführt. Die ersten Häuser von Landsberg tauchen auf, es geht wieder in den Wald, und wir erreichen einen wunderschönen Aussichtspunkt.

Dahinter steigen wir steil über Treppen vorbei an Nagelfluhfelsen hinab und sind wieder in der Pössinger Au, wo wir rasch die Karolinenbrücke erreichen und rechts in die Landsberger Altstadt kommen.

Malerisch und quicklebendig

Als Erstes gelangen wir zum prächtigen Hauptplatz mit seinem Marienbrunnen und dem Alten Rathaus, das wir besichtigen können. Durch den Schmalzturm aus dem 13. Jahrhundert fahren immer noch die Autos vom Schlossberg herunter, aber ein Großteil des Platzes ist den Fußgängern vorbehalten. Auffällig sind die prunkvollen Bürgerhäuser mit ihren verspielten Giebeln, dem Stuck und den pastellfarbenen Fassaden. Alles wirkt leicht und fast schon medi-

mittel | 10 km | 100 Hm | 3.30 Std.

Auf einen Blick

Tourencharakter
Leichte Wanderung, anfangs völlig flach, dann Anstieg zum Lech-Hochufer – Achtung, nach Regen können die Wege hier rutschig sein!

Ausgangs-/Endpunkt
Landsberg am Lech

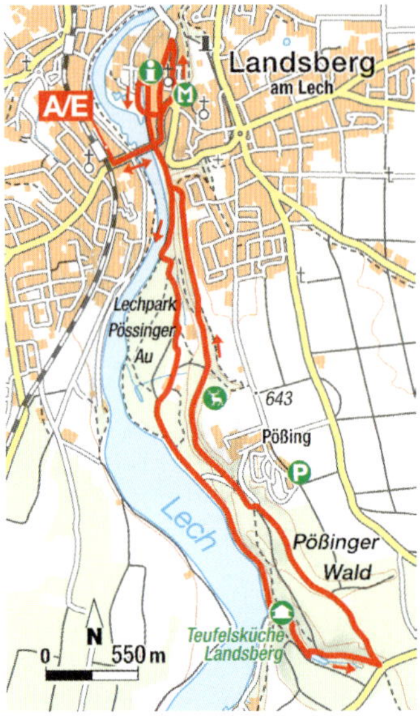

Anfahrt
Mit der Regiobahn nach Landsberg am Lech

Einkehr
Ausflugsrestaurant Teufelsküche (teufelskueche-landsberg.de), in der Altstadt von Landsberg zahlreiche Möglichkeiten

Weitere Informationen
■ *landsberg.de*

terran, und das setzt sich in den benachbarten Gassen auch so fort. Am besten verirrt man sich freiwillig hier, die Stadt ist nicht groß und endet immer wieder an einem Stadttor. Für einen Bummel zu den nettesten Geschäften eignet sich der Vordere Anger, der noch dazu sowohl an der Kirche Mariä Himmelfahrt als auch an der St.-Johannis-Kirche vorbeiführt. Er endet am Sandauer Tor, von wo wir durch den nicht minder schönen Unteren Anger zurück spazieren.

Durchs Salzviertel

An seinem Ende biegen wir links in die Schulgasse ein, queren den Vorderen Anger in die Mühlgasse und erreichen so die Salzgasse mit den Salzstadel. Landsberg verdankte vom 14. bis zum 19. Jahrhundert einen Großteil seines Wohlstands dem Salzhandel, und die kleinen Häuschen dienten früher als Salzlager. Heute sind es wunderschöne Privathäuser. Der größere Lechstadel liegt eine Gasse weiter und beherbergt die Bücherei. Neben dem Hexenviertel ist dies der schönste Teil von Landsberg. Mitten hindurch rauscht der Mühlbach, und von seinem Wehr am Lech haben wir wieder einen wunderschönen Blick auf den mächtigen Fluss. Noch größer ist der Genuss, wenn man hier einen Platz in der Eisdiele Cortina ergattert und sich dann wirklich schon fast in Italien wähnt. Entlang der Lechpromenade, dem Peter-Dörfler-Weg, gibt es aber noch mehr Einkehrmöglichkeiten, meist mit Blick auf den Fluss. Das ist dann auch der beste Platz, um den Tag mit einem Sundowner ausklingen zu lassen, denn zum Bahnhof ist es nicht mehr weit.

Sonnenanbeter an den Flussmauern des Lechs

Schmankerltipp

Gourmetrösterei Böhm: Die Rösterei ist mehr ein Geschäft als ein klassisches Kaffeehaus, aber man kann die diversen Kaffeesorten im Ausschank gleich probieren und bei gutem Wetter auf der herrlichen Sonnenterasse mit Blick auf die Pfarrkirche sitzen.

■ *gourmetroesterei.de*

Wenn nicht viel Schnee liegt, kann man das ganze Jahr über diese Wanderung unternehmen.

Die Tour verblüfft durch die tolle Kombination von Stadt und wilder Natur.

WEITE, WIND UND WASSER

26

Lindau am Bodensee

Der Bodensee ist ein außergewöhnliches Ensemble von majestätischer Natur, inspirierender Weite und dem entspannten Miteinander seiner drei angrenzenden Länder Deutschland, Österreich und der Schweiz. Wir besuchen Lindau auf seiner Halbinsel im See.

Die einzigartige Lage ergibt sich aus dem Zusammenspiel der Gegensätze: auf der einen Seite die hohen Berge, auf der anderen Seite das weite, offene Wasser, das nach Norden hin kein Ufer mehr zu besitzen scheint. Genauso, wie man sich ein Meer vorstellt. Im Osten reihen sich an das Städtchen Lindau Hügel, bedeckt mit Obstbäumen, die sich im Frühjahr in ein Blütenmeer verwandeln.

Lindau und sein Hafen

Der Bahnhof liegt direkt auf der Insel, schon die Fahrt auf dem Damm dorthin ist ein Erlebnis und das Gebäude selbst im feinen Jugendstil etwas Besonderes. Jetzt steht einer Stadtbesichtigung nichts mehr im Weg. Lindau ist nicht groß, man kann sich nicht verlaufen, und früher oder später enden alle Wege irgendwo am Wasser. So machen wir uns vom Bahnhof in südliche Richtung auf den Weg zum Hafen, den der steinerne Bayerische Löwe und der einzige Leuchtturm Bayerns markieren. Auf ihn konnte man hinaufsteigen, heute geht es alternativ auf den Mangturm mit seinem bunten Ziegeldach (nur zu bestimmten Terminen); er war der Vorgänger des heutigen Leuchtturms.

Tipp

Wer möchte, kann die Halbinsel einmal ganz umrunden. Vorbei an den alten Türmen kommt man auch zur Westpromenade, die im Zuge der Landesgartenschau 2021 neu angelegt wurde; dort gibt es das nette Café Hintere Insel mit herrlichem Blick aufs Wasser.

Vor dem Mangturm sitzt man sehr nett im Café Helvetia direkt am Hafenbecken.

Tipp

Eine Bootsfahrt, die ist lustig ... Die Panoramafahrt mit einem der Ausflugsdampfer führt vom Lindauer Hafen hinüber in die Bregenzer Bucht zur berühmten Bregenzer Seebühne, zum Kloster Mehrerau und zur neuen Rheinmündung – eine tolle Besichtigungstour auf Wasserwegen (Rundfahrten meist nur von März bis Nov.).
■ *bsb.de, hs-bodensee.eu*

Lindaviabrunnen und Prunkmeile

Nach unserer Rundschau gehen wir über den Reichsplatz mit dem prächtigen Lindaviabrunnen zum Alten Rathaus, das schon 1422 in der Zeit der Gotik erbaut wurde. Sein heutiges Renaissancegesicht bekam es etwa 150 Jahre später, als die Gotik nicht mehr dem Repräsentationsstil der Stadt entsprach. Von dort schwenken wir in die Maximilianstraße, die große Flanier- und Einkaufsmeile der Stadt.

Und das ist noch lange nicht alles, was Lindau zu bieten hat: Bei einem Bummel durch die Gassen lassen sich verschiedene Kirchen besuchen, darunter die Pfarrkirche, das Münster Unserer Lieben Frau, die evangelische Stephanskirche und die Peterskirche mit ihren alten Fresken (tagsüber frei zugänglich). Um alles genau zu besichtigen, nimmt man am besten an einer Stadtführung teil.

leicht | beliebig

Auf einen Blick

Viele Geschäfte laden in der Altstadt zu einem Bummel ein.

Tourencharakter
Gemütlicher Stadtspaziergang ohne Höhenmeter

Ausgangs-/Endpunkt
Lindau

Anfahrt
Mit dem Zug nach Lindau-Insel

Einkehr
Große Auswahl in Lindau, z. B. Restaurant Wissingers im Schlechterbräu (wissingers.de)

Noch wichtig
Strandbad direkt am Hafen
Stadtmuseum im Haus zum Cavazzen (kultur-lindau.de; zurzeit wegen Renovierung geschlossen)

Weitere Informationen
■ *bodensee.eu, lindau.de*

WASSER UND WUNDER IM ALLGÄU

27

Der Eistobel an der Großen Argen

Im Allgäuer Alpenvorland dominieren sanfte Hügel und weite Wiesen, doch verbergen sich dazwischen so manche Überraschungen, die von Weitem nicht sichtbar sind. Dazu gehört der Eistobel, eine Schlucht, die das Wasser der Argen in vielen Jahrtausenden in die Landschaft geschnitten hat.

An kleinen Sandbänken vorbei fließt das Wasser der Argen ganz friedlich dahin. Doch kurze Zeit später rotiert es gurgelnd und spritzend über eine Felskante. Tiefe Gumpen hat das Wasser in den Stein gefressen, dazwischen wirbelt und strudelt es und wird gleich darauf wieder zum sanften Geplätscher. All das dürfen wir auf dieser Wanderung erleben: im einzigartigen Allgäuer Wasserwunder, dem Eistobel.

Historische Brücke

Wir beginnen unsere Wanderung an der Argentobelbrücke bei dem kleinen Kiosk, bei dem wir auch unseren Obolus für die Wegbenutzung entrichten müssen. Dieser Betrag ist sicherlich gerechtfertigt, denn dafür werden die Wege im Tobel bestens instandgehalten. Hinter dem Kiosk geht es über Stufen steil zum Fluss hinab. Unten angekommen, werden wir mit einem kleinen, verbliebenen Bauteil an die alte Argentobelbrücke erinnert, die 1985 durch die moderne Stahlbetonbrücke ersetzt wurde. Die alte Brücke war zur Zeit ihrer Erbauung 1905–1907 die längste und höchste Brücke Bayerns und lockte damals viele Ausflügler an. Auch wenn es seltsam klingt: Die Brücke wird Argentobelbrücke genannt, die Schlucht selbst aber heißt Eistobel.

Tipp

Zum Übernachten fährt man am besten mit dem Bus nach Isny, wo man zwischen mehreren Hotels wählen kann. Etwas weiter nördlich von Isny ist der historische und wunderschön restaurierte Dorfgasthof Hirsch im Weiler Urlau sehr zu empfehlen.
■ *dorfgasthof-hirsch.de*

Entlang der Argen

Hier beginnt nun unser Weg durch den Eistobel, zunächst ganz unspektakulär entlang des Flusses. Wir passieren Kiesbänke, auf denen man Kinder beruhigt spielen lassen kann. Doch dann taucht das harte Nagelfluhgestein auf, das dem fließenden Wasser mehr Widerstand entgegensetzt als der Sandsteinboden. Dadurch entstehen Stufen im Flussbett, über die das Wasser kaskadenartig nach unten stürzt. Die Oberfläche der Nagelfluhfelsen ist durch die Steineinschüsse nie ganz eben, und das darüber strömende Wasser fließt deshalb nicht glatt über den

Mal wild, dann wieder nur plätschernd rauscht die Argen durch den Tobel.

An der Stadtmauer von Isny

Diese Höhenmeter von der Brücke zum Fluss sind zu schaffen.

Nur mit etwas Abstand erkennt man die Dimensionen des Eistobels.

mittel | 6 km | 200 Hm | 2 Std.

Auf einen Blick

Tourencharakter
Mittelschwere Wanderung meist auf bequemen Wegen und kleinen Nebenstraßen, die man auch im Winter auf eigene Gefahr begehen kann

Ausgangs-/Endpunkt
Kiosk am Eingang zum Eistobel an der Argenbrücke

Anfahrt
Mit dem Zug nach Röthenbach, dann weiter mit Bus 733 (Eistobellinie) bis Haltestelle Eistobel/Grünenbach. Alternativ vom Bahnhof Kempten oder Leutkirch mit dem Bus nach Isny und dort in den Bus 733 wechseln

Einkehr
Der Gasthof Beim Mader in Riedholz liegt direkt auf unserem Weg (reichliche Portionen mit typischer Allgäuer Note, keine Kartenzahlung!)

Weitere Informationen
■ *eistobel.de*

Tipp

Ganz in der Nähe liegt die ehemals freie Reichsstadt Isny. Umringt von einer fast völlig erhaltenen Stadtmauer, hat sich ihr mittelalterliches Stadtbild gut erhalten. Die evangelische Kirche St. Nikolaus birgt über der Sakristei eine Bibliothek mit einem unglaublichen Bücherschatz, der ins späte Mittelalter zurückreicht (Besichtigung mittwochs 10.30 Uhr und jeden 1. Samstag im Monat um 14 Uhr). Von Isny fährt ein Bus zu den nächstgelegenen Bahnhöfen in Leutkirch und Kempten.
■ *isny.de, isny-evangelisch.de*

Der Kurpark von Isny liegt vor den Toren der Stadt.

Felsen, sondern bildet immer wieder Strudel. In diese verfangen sich Steine, die dann im Kreis herumgewirbelt werden. Auf Dauer höhlt das den Felsen immer tiefer aus – es entstehen Löcher, die mehrere Meter Durchmesser haben können und im Lauf der Zeit immer tiefer werden. Auf unserem Weg durch die Schlucht kommen wir immer wieder an solchen Strudellöchern, die sehr tief sein können, vorbei. Sie als Badewanne zu benutzen, wäre zwar verlockend, ist jedoch lebensgefährlich!

Auf den bestens ausgebauten Wegen kann man den Tobel bequem in einer Stunde durchwandern, doch gibt es hier so viel zu schauen und zu fotografieren, dass wir mindestens mit der doppelten Zeit rechnen sollten.

Zur Ruine Hohenegg

Am Ende des Tobels treffen wir auf eine Brücke, mit der wir die Obere Argen überqueren. Haben wir bis jetzt die Geologie des Allgäu erlebt, so können wir noch rasch einen Blick zurück ins Mittelalter werfen: Ein Wegweiser nach der Brücke schickt uns in fünf Gehminuten zur Ruine Hohenegg.

Zugegeben, arg viel ist von dieser nicht mehr übrig, zumindest erinnert aber ein Gedenkstein an die ehemalige Burg. Um 1200 entstanden, hatte sie einst große Bedeutung: Auf ihr lag immerhin die hohe Gerichtsbarkeit, d. h., der Burgherr konnte sogar die Todesstrafe verhängen. Im Bauernkrieg 1525 wurde sie stark beschädigt und schließlich abgebrochen. Die Kapelle neben den Mauerresten hat mit der Burg nichts zu tun, sie wurde erst 1897 erbaut.

Einkehr in Riedholz

Auf dem Anstiegsweg kehren wir zu dem Burg-Wegweiser zurück und folgen ihm nun in die andere Richtung aus dem Eistobel hinaus gen Riedholz. In weiten Schleifen zwischen Wald und Wiesen wandernd, erreichen wir das Dorf und treffen dort auf die Hauptstraße, auf der wir links schon von Weitem den Gasthof Beim Mader sehen. Er eignet sich nun ganz wunderbar für eine ausgiebige Rast.

Nach der Pause ist es nicht mehr weit. Wir gehen auf der Dorfstraße vor zur großen Bundesstraße und können dort die Wanderung an der Bushaltstelle beenden. Wer zum Ausgangspunkt, der Haltestelle am Eistobel-Kiosk, zurücklaufen möchte, folgt dem Fuß- und Radweg nach links und überquert dann als Highlight noch auf der Argentobelbrücke die Schlucht.

Ein Aussichtsbalkon lässt uns noch besser auf das Wasser blicken.

GENUSSVOLL DURCH ALLGÄUS HAUPTSTADT

28

Residenzstadt Kempten

2000 Jahre Geschichte: Die alte Residenz- und Römerstadt Kempten an der Iller gilt als Hauptstadt des Allgäus – und ist dabei ganz herrlich unaufgeregt, wenig touristisch und damit sehr authentisch und unverfälscht. Ein echter Geheimtipp für einen Ausflug!

In Kempten wird viel geboten: kulturell und kulinarisch, darauf kann man sich einstellen, denn beides, Kunst und Genuss, kommt hier nicht zu kurz.

Residenz und St. Lorenz

Ausgangspunkt für eine Stadtbesichtigung ist das ZUM, der Busbahnhof in Kempten. Auf seiner Westseite liegt der Stadtpark, den wir nach Norden hin zum Residenzplatz queren. Dort stehen wir vor einigen der wichtigsten Sehenswürdigkeiten Kemptens: Links von uns befindet sich das Kempten-Museum im Zumsteinhaus, das allein schon wegen seiner klassizistischen Fassade mit dem abgesetzten kleinen Balkon und dem Giebel ins Auge sticht. Innen wird auf sehr moderne Weise die Geschichte Kemptens erzählt.

Gegenüber blicken wir auf die riesige Frontseite der Residenz, an der die St.-Lorenz-Basilika mit ihren zwei Türmen angebaut wurde. Auf der Westseite führt eine große Treppe zum Eingang des Gotteshauses. Licht und freundlich ist das Kirchenschiff und gleichzeitig prunkvoll und edel mit seiner feinen Barockausstattung. Besonders sehenswert ist das reich verzierte Chorgestühl mit den aufwendigen Intarsienarbeiten.

Die Residenz sollte man unbedingt besichtigen. Sie wurde Mitte des 17. Jahrhunderts für die Fürstäbte erbaut, und die liebten es, zu zeigen, was sie besaßen. Es sind die Prunkräume eines Schlosses und nicht so sehr das, was man von einem Kloster erwarten würde. Hinter der Residenz schließt

Detailreicher St.-Mang-Brunnen

Vom Stadtpark erreicht man die St.-Lorenz-Basilika.

Tipp

Der beste Tag für einen Kempten-Besuch ist der Samstag, denn dann findet der beliebte Wochenmarkt am Hildegardplatz unterhalb der Lorenzbasilika statt – hier gibt es alle Zutaten für die berühmten Allgäuer Kässpatzen, aber natürlich kann man diese auch ganz frisch gehobelt direkt vor Ort probieren.

Frische Kässpatzn auf die Hand gibt's nur am Wochenmarkt.

In mystisches Licht getaucht: die Erasmuskapelle

Der Münchner Bildhauer Georg Wrba fertigte 1905 den Mangbrunnen.

sich der Hofgarten an, ein wunderbar ruhiger Platz für eine Besichtigungspause.

Altstadttrubel

Von der Residenz wählen wir eine der vielen Straßen und Gassen, die leicht abwärts in die Altstadt führen. Hier gibt es zahlreiche Geschäfte und mit der Fischerstraße sogar eine richtige Einkaufsmeile, es locken nette Cafés und malerische Winkel. In der Summe münden alle Straßen dann am langgezogenen Rathausplatz mit dem kleinen, frei stehenden Rathaus aus dem 15. Jahrhundert. Rundherum finden wir Brunnen und mehrere Cafés und Bars und können uns an einem Cappuccino zwischendurch erfreuen.

Erasmus und St. Mang

Mit wenigen Schritten erreichen wir danach den St.-Mang-Platz mit dem St.-Mang-Brunnen und der gleichnamigen Kirche – es ist nach der Basilika die zweitwichtigste Kirche Kemptens. Auf dem St.-Mang-Platz finden wir überdies den Umriss eines Gebäudes eingelassen, das der Form nach wohl eine frühere Kirche darstellt; ansonsten deutet nichts darauf hin, dass es hier wohl ein weiteres bedeutendes Gebäude gab. Doch weit gefehlt, denn wenn wir rechtzeitig Tickets für eine Führung kaufen, können wir durch den modernen Abgang in die Unterwelt Kemptens vordringen: Unter dem St.-Mang-Platz liegt nämlich die Ruine der Erasmuskapelle, und die Besichtigung der unterirdischen Gewölbe mit der bildgewaltigen Multivisionsshow ist eine Reise in die Vergangenheit Kemptens und wirklich sehr sehenswert.

Römischer Wellnessbereich

Mit einem Spaziergang über die St.-Mang-Brücke können wir zum Archäologischen Park Cambodunum am östlichen Illerufer hinaufsteigen, wo man die Ausgrabungen der römischen Stadt Cambodunum besichtigen kann. Ein Teil des Geländes ist zu jeder Zeit frei zugänglich, für die anderen Bereiche muss man Eintritt bezahlen. Dazu gehört auch der gut erhaltene Thermenbereich, der uns perfekt eine Vorstellung von einstigem römischem Badespaß vermittelt – Wellness hat schon zu Zeiten der Römer bestens funktioniert.

Beim Rückweg in die Altstadt kann man sich im Sommer am Illerwehr in die FIUME Sommerbar setzen – gerade bei Sonnenuntergang lockt hier der geradezu magische Blick über die Iller auf die Stadt, ein unvergesslicher Moment, der ein italienisches Feeling aufkommen lässt. Und das passt ja auch, denn nach dem Besuch des Archäologischen Parks wissen wir, dass sich die Römer hier schon wohlgefühlt haben.

Das Rathaus mit seinem Platz ist einer der zentralen Punkte Kemptens.

leicht

beliebig

Auf einen Blick

Tourencharakter
Gemütlicher Stadtspaziergang mit ein paar wenigen Höhenmetern für alle, die zu Fuß am anderen Illerhochufer die römischen Ausgrabungen besuchen wollen

Ausgangs-/Endpunkt
Kempten

Anfahrt
Mit der Bahn nach Kempten, vom Bahnhof mit dem Bus zum ZUM, dem zentralen Umsteigeplatz, und von dort weiter zu Fuß in die Stadt

Einkehr
Irisch, indonesisch, italienisch, indisch – es gibt viele internationale Restaurants in Kempten. Aber natürlich findet man auch die originale Allgäuer Küche, z. B. in der Fasshalle (fasshalle-ke.de) oder in der Brauereigaststätte Zum Stift (zum-stift.de).

Noch wichtig
Residenz: geöffnet April–Okt. täglich (außer Mo) 9–15.45 Uhr, im Okt. 10–16 Uhr, Nov.–März nur Sa/So
Archäologischer Park Cambodunum: geöffnet März–Nov. 10–17 Uhr (Mo geschlossen; apc-kempten.de)
Erasmuskapelle: Führungen täglich (außer Mi) 11–17 Uhr zur vollen Stunde (erasmuskapelle-kempten.de)

Weitere Informationen
■ *kempten-tourismus.de*

MYSTISCHE WANDERUNG IM OSTALLGÄU

29

Über den Zirmgrat nach Füssen

Zwischen Pfronten und Füssen erhebt sich der Falkenstein mit dem Zirmgrat. Die herrliche Natur, eine Alpe und ein Bergsee begeistern uns auf dem Weg, nicht zu vergessen die geschichtsträchtige Burgruine. Ein Weg – ein Mythos, so könnte man die Wanderung gut mit vier Worten beschreiben.

Auf dieser Wanderung folgt ein Highlight auf das andere: vom stillen Alatsee über den aussichtsreichen Zirmgrat zur Salober Alm und zum Finale nach Füssen. Gekrönt wird das Ganze von der Burgruine Falkenstein, dem letzten Burgenbau König Ludwigs II. Damals gab es konkrete Pläne, anstelle der Ruine ein feudales Schloss ganz im fantastischen Stil nach Ludwigs Wünschen zu errichten. Die gigantische Lage hoch über dem Vilser Tal mit Aussicht auf die Tannheimer Berge und auf Pfronten liebte der König damals genauso, wie sie uns heute noch begeistert.

Himmlischer Beistand

Wir beginnen die Wanderung am Bahnhof Steinach an der Breitenbergbahn, gehen nach Osten in Richtung Tirol und überqueren dabei den großen Parkplatz. An seinem Ende biegen wir nach links, queren die Bahngleise und kurz darauf die Vils sowie leicht schräg nach rechts den Radweg. Hier beginnt nun der Südaufstieg zur Burgruine Falkenstein.

Anfangs gewinnt der Weg nur langsam an Höhe, das ändert sich dann aber nach einer Linkskurve: Wo sich der Weg teilt, bleiben wir rechts und schnaufen bald den steilen Berghang hinauf. Im Zickzack geht es aufwärts bis zur Mariengrotte unter einem Felsen, wo wir das Gröbste geschafft haben. Mit der hohen Lourdes-Madonna ist dieser Platz nicht nur bei Einheimischen sehr beliebt.

Tipp

Wer Füssen schon kennt und direkt zum Bahnhof möchte, biegt vor der kleinen Kirche St. Max in Bad Faulenbach links ab und erreicht über den Parkplatz Morisse weiter nach Norden den Bahnhof Füssen.

Zum Falkenstein

Über weitere kleine Zicks und Zacks und schließlich über ein paar Treppenstufen geht es alsdann hinauf zum Hotel Falkenstein, wo nach links der finale Aufstieg zur Burgruine beginnt – eine kleine Herausforderung für nicht ganz Schwindelfreie, fällt doch der Fels nach Süden hin steil ab. Der Weg ist jedoch vorbildlich mit einem Eisen-

Auch abgestorbene Zirben säumen den Weg.

Richtung Tal wandern wir durch dichte Buchenwälder.

Alter Grenzstein am Zirmgrat

Eine Pause in der Salober Alm haben wir uns verdient.

mittel | 13,5 km | 600 Hm | 4:30 Std.

Auf einen Blick

Tourencharakter
Konditionell nicht allzu anstrengende, aber lange Bergwanderung, vorwiegend auf breiten Almwegen, Bergstraßen und Pfaden. Einige Wegpassagen erfordern Trittsicherheit und Schwindelfreiheit.

Ausgangspunkt
Pfronten/Steinach

Endpunkt
Füssen

Anfahrt
Mit dem Regionalzug nach Pfronten-Steinach (Breitenbergbahn). Rückfahrt von Füssen ebenfalls mit dem Zug

Einkehr
Die Salober Alm ist ein beliebtes Ausflugsziel (kleine Tageskarte; saloberalm.de). Am Alatsee liegt das gleichnamige Hotel-Restaurant (hotel-alatsee.de), und im Tal der Sinne lockt die Waldwirtschaft.

Weitere Informationen
■ *fuessen.de*

Das Hotel Falkenstein thront in herrlicher Lage über dem Talboden.

geländer gesichert und dürfte so niemandem Probleme bereiten.

Oben erwarten uns prachtvolle Ausblicke aufs Allgäu und auf die Überreste der Burg Falkenstein. Auf den alten Burgturm können wir sogar hinaufsteigen. An der südlichen Mauerseite finden sich einige perfekte Rastbänke für eine kurze Schau-, Verschnauf- und Verpflegungspause.

Über den Zirmgrat

Nach der Rast wandern wir zum Hotel Falkenstein zurück und folgen dort der Zufahrtsstraße vorbei am Gebirgsschützendenkmal um die Linkskurve, dann beginnt nach rechts der Weg zum Zirmgrat. Vorbei an einem alten Grenzstein aus dem Jahr 1773 folgen wir der Beschilderung »Zirmengrat/Salobergrat« in den Wald hinein. Wir sind nun auf einem Teilstück des Europäischen Weitwanderwegs E4 unterwegs. Der Waldweg steigt an und wird zu einem schmalen Bergpfad. Anfangs windet er sich noch entlang der Nordflanke, dann erreichen wir am Einerkopf-Sattel den Beginn des Zirmgratwegs.

Nun geht es fast eben mit fantastischem Ausblick auf die Tannheimer Berge dahin. Für einen Grat ist der Weg breit und sicher genug. Die Zirben, im Dialekt Zirm genannt, sind jedoch nur mehr vereinzelt zu finden. An der letzten Erhebung des Zirmgrats, dem Zwölferkopf, wendet sich unser Weg nach links, und wir verlieren rasch an Höhe. In einer Waldbodensenke teilt sich dann der Weg. Es gibt zwei Varianten, um zur Salober Alm zu gelangen – schön ist der Weg über die Aussichtskanzel Vierseenblick mit Blick auf Weißen-, Hopfen-, Bannwald- und Forggensee.

Tipp

Im Sommer Badesachen einpacken – sowohl im Alatsee als auch im Freibad am Mittersee kann man schwimmen. Beide Seen liegen direkt an der Strecke.

Salober Alm, Alatsee und das Tal der Sinne

Weiter abwärts erreichen wir dann die Grenze zu Österreich und die Salober Alm, wo wir einkehren und von der Terrasse nochmals die wunderbare Aussicht auf die Allgäuer und die Tannheimer Berge genießen können.

Nach der Pause wandern wir auf der Almstraße zurück auf die deutsche Seite und weiter bergab zum Alatsee. Dieser idyllische und legendenumrankte Bergsee lädt erneut zu einer Rast ein.

Wir folgen dem Seeuferweg auf der Nordseite und passieren das Restaurant Alatsee – ab jetzt gibt der bequeme Forstweg nach Füssen die Richtung vor. Stets leicht abwärts, aber ohne großes Gefälle, wandern wir in östlicher Richtung weiter bis zum Obersee und erreichen gleich dahinter auch den Mittersee. Jetzt sind wir im Füssener Ortsteil Bad Faulenbach und spazieren durch das Tal der Sinne, ein nettes Freizeitgelände mit Barfußpfad und Kneipp-Tretbecken.

Füssener Finale

Über die Alatseestraße erreichen wir schließlich den Lech, dem wir flussabwärts folgen. Das Faulenbachgässchen bringt uns zur großen Lechbrücke, wo wir links einbiegen und vorbei am Kloster St. Mang hinauf zum oberen Ende der Reichenbachstraße wandern. Im Herzen der Füssener Altstadt angekommen, können wir zum Abschluss noch einen Stadtbummel einlegen oder uns eines der vielen Straßencafés aussuchen, um dem lebendigen Treiben zuzusehen. Am unteren Ende der Reichenbachstraße müssen wir uns nur noch links halten und erreichen so den Bahnhof von Füssen, von dem aus wir die Heimreise antreten.

SOMMERRESIDENZ UND LUDWIGS TRAUM

30

Füssen und seine Königsschlösser

Wie aus einer fernen Märchenwelt schaut Schloss Neuschwanstein hinunter auf die Stadt Füssen, das Tor zum Ostallgäu. Doch neben dem weltberühmten Traumschloss sollte man nicht übersehen, wie malerisch das geschichtsträchtige Füssen selbst ist.

Der Augsburger Fürstbischof Friedrich I. Spät von Faimingen hatte Glück: Als Kaiser Heinrich VII. im Jahr 1313 in Geldnöten war, konnte der Fürstbischof ihm mit dem stattlichen Betrag von 400 Silbermark aushelfen. Das war immerhin so viel, dass er die vermögende Reichsvogtei Füssen als Pfand bekam.

Von Fürsten und Römern

Heinrich starb noch im gleichen Jahr, und da auch seine Nachfolger das Pfand nicht einlösen konnten, ging die Stadt endgültig in die Hand der Augsburger Geistlichkeit über. Sie wurde zum bischöflichen Sommersitz.

Damals war Füssen schon mehr als 1000 Jahre alt. Mit einem Militärlager kontrollierten die Römer vom Schlossberg aus ihre Via Claudia Augusta, die wichtigste Handelsstraße zwischen Nord und Süd. Und diese Via Claudia gibt es in Füssen sogar heute noch: Es ist die Reichenstraße, das Zentrum und die gute Stube der Stadt. Sie liegt unterhalb des Hohen Schlosses, das sich die Augsburger Bischöfe Ende des 15. Jahrhunderts erbauen ließen. Heute ist in dem Schloss ein Zweigmuseum der Bayerischen Staatsgemäldesammlung untergebracht.

Patron des Allgäus

Vom Schloss blickt man auf das alte Kloster St. Mang, das in seinen Wurzeln bis in die Zeit um 750 zurückreicht. In der Krypta der heutigen Pfarrkirche (Basilika) sind ottonische Fresken zu sehen, die den Heiligen Magnus zeigen. Er war ein Mönch aus

Spiegelglatter Forggensee mit den Allgäuer Bergen dahinter

Der St.-Mang-Brunnen bildet das Ende der Reichenstraße.

Ein ewig' Rätsel will ich sein. (König Ludwig II.)

Im Schloss Hohenschwangau wuchs der Märchenkönig auf.

Tipp

Um die Schlösser Neuschwanstein und Hohenschwangau zu besuchen, muss man vorab die Eintrittstickets online reservieren. Die Besichtigungen sind nur mit Führung möglich! Unbedingt vor dem Schlossbesuch die Tickets (auch die Online-Tickets!) im Ticketcenter im Ort Hohenschwangau abholen.
■ *neuschwanstein.de*

St. Gallen, der sich hier eine Zelle baute und sein Wissen rund um die Landwirtschaft, Viehzucht und Medizin gern an die Bevölkerung weitergab. So erleichterte er ihnen den täglichen Kampf ums Überleben, daher waren die Einheimischen im Gegenzug bereit, sich zum Christentum zu bekehren. Bis heute wird der Hl. Magnus im Allgäu als der Patron der Bauern und der Beschützer von Tieren verehrt. Aus der Zelle des Hl. Magnus wurde eine Abtei der Benediktiner, die bis zur Säkularisation Bestand hatte.

Seit 1909 gehören die Baulichkeiten der Stadt Füssen. Sie beherbergen inzwischen das städtische Rathaus und ein sehr sehenswertes Heimatmuseum. Seine barocken Repräsentationsräume können jedoch besichtigt werden, ebenfalls die Pfarrkirche St. Mang. Sehr sehenswert ist auch der Totentanzzyklus, den der Maler Jacob Hiebeler 1600–1602 in der Annakapelle neben der Pfarrkirche St. Mang geschaffen hat.

Lechfall und Forggensee

Von der St.-Mang-Basilika ist es nicht mehr weit bis zur Brücke über den Lech, wo wir nach rechts einen Abstecher zum Lechfall unternehmen. Durch die Engstelle zwischen den Felsen sprudelt das türkisfarbene Wasser des Lechs dramatisch über mehrere Stufen hinab. Über den Maxsteg kehren wir dann in die Altstadt zurück und erkunden noch die vielen Gassen und Winkel links und rechts der Reichenbachstraße. Wer Hunger verspürt, kann sich in einem der zahlreichen Straßencafés stärken.

Wer noch etwas weiterwandern möchte, kann dem Lech zum nahen Forggensee folgen. Dieser ist kein natürlicher See, sondern der durch das Kraftwerk von Roßhaupten aufgestaute Lech. Zumindest im Sommer und im Herbst hat man den Eindruck, der See sei schon immer dagewesen. Im Winter und im Frühjahr sieht das jedoch anders aus, denn dann hat der Forggensee sehr wenig Wasser, und der trockene Uferrand ist zu sehen. Aber auch das hat seinen Reiz, und mit etwas Glück tauchen sogar die Reste der römischen Via Claudia aus den Fluten auf.

Wandertipp

Von der Füssener Lechbrücke am Kloster St. Mang kann man auch auf den aussichtsreichen Kalvarienberg südlich der Stadt steigen. Die Wanderung lässt sich noch über den Schwansee zum Schloss Hohenschwangau ausdehnen.

Märchenkönig und Traumschloss

Natürlich darf man Füssen nicht verlassen, ohne König Ludwigs märchenhaftes Schloss Neuschwanstein zu besuchen. Millionenfach fotografiert, kennt man das Schloss auf der ganzen Welt, und sei es als Kopie im Logo von Walt Disney.

Neuschwanstein war das erste von drei Schlössern, das der bayerische König Ludwig II. für sich erbauen ließ. Der Märchenkönig hatte einen Großteil seiner Jugend auf Schloss Hohenschwangau verbracht. Umgeben war er dort von einem Wandgemäldezyklus über mittelalterliche Heldensagen – diese Bilder haben den jungen

Ludwig nachhaltig geprägt und wohl von einer glanzvollen Ritterzeit träumen lassen. Als Ludwig im Alter von 18 Jahren König wurde, besaß er auch die Mittel, diese Träume zu verwirklichen. So begann er innerhalb von zehn Jahren mit dem Bau von drei aufwendigen Schlössern: Neuschwanstein als mittelalterliche Burg, Linderhof als Jagdschlösschen aus der Zeit des Barocks und Herrenchiemsee mit seinem Neuen Schloss nach dem Vorbild Versailles. In Letzterem wollte er sich wie Ludwig XIV. als absoluter Herrscher fühlen, wohl wissend, dass das alles nur ein Traum war.

leicht

beliebig

Auf einen Blick

Tourencharakter
Gemütlicher Stadtspaziergang, den man zum Forggensee ausdehnen kann. Wer Neuschwanstein besucht, muss von der Bushaltestelle zu Fuß in ca. 30–40 Min. relativ steil zum Schloss hinaufsteigen. Alternativ gibt es Pferdekutschen oder einen kleinen Pendelbus, die einen Teil der Strecke erleichtern.

Ausgangs-/Endpunkt
Füssen

Anfahrt
Mit der Regionalbahn zum Bahnhof Füssen und zu Fuß auf der Bahnhofstraße in 5 Min. zum großen Kreisverkehr am Prinzregentenplatz; von dort geht es links auf der Reichenstraße in die Altstadt.

Einkehr
Zahlreiche Einkehrmöglichkeiten in Füssen

Noch wichtig
Um Neuschwanstein zu besuchen, steigt man in Füssen in den Bus 73 oder 78 und fährt bis Haltestelle Hohenschwangau/Neuschwanstein.

Weitere Informationen
■ *fuessen.de*

ÜBER DEN BRETTLEWEG

31 Wieskirche und Steingaden

Als Bayerns schönster Schwarzbau galt die Wieskirche einst. Heute steht das einsame Gotteshaus inmitten der Ammergauer Alpen unter dem Schutz der UNESCO. Der Jakobsweg führt von dort zum Kloster Steingaden – ein traumhafter Wegabschnitt, der Kunstgenuss und Wandern perfekt verbindet.

Die Wieskirche steht bei vielen Oberbayern-Besuchern auf dem Reiseplan, sie zählt zu den Gotteshäusern, die man einmal im Leben besucht haben sollte. Ihr Bau ist etwas ganz Außergewöhnliches, genauso wie seine Geschichte.

Wundersame Wieskirche

Mitte des 18. Jahrhunderts lebte die Bäuerin Maria Lory auf dem Wieshof bei Steingaden, genau dort, wo heute die Wieskirche steht. Bei ihr zu Hause stand die Figur eines gegeißelten Heilands, den die zwei Steingadener Mönche Pater Magnus Straub und Bruder Lukas Schweiger sehr lebensecht geschaffen hatten. Der Legende nach geschah am Abend des 14. Juni 1738 etwas Außergewöhnliches: Mitten im Abendgebet bemerkte die Bäuerin in den Augenwinkeln der Figur ein Glänzen. Sie hielt die Tropfen für Tränen, für einen heiligen Gnadenfluss. Und schon war ein Wunder geboren.

Vom Schwarzbau zum Kunstwerk

Dieses Tränenwunder sprach sich rasend schnell herum. Immer mehr Gläubige aus nah und fern wollten vor der Figur beten, was in kürzester Zeit zum Auftakt einer großen Wallfahrtsbewegung führte, und die 1740 erbaute Feldkapelle reichte bald nicht mehr aus, um all die Wallfahrer aufzunehmen. Ein erster Grundstein für einen Neubau wurde 1746 gelegt. Im Konkurrenzkampf mit zahlreichen anderen Wallfahrtsstätten in ganz Europa, entschloss sich der Abt des Steingadener Klosters zu einem Kraftakt: Er wollte eine Wallfahrtskirche bauen, prächtiger und schöner als alle anderen Kirchen im weiten Umkreis. Dafür verpflichtete er die besten und teuersten Künstler seiner Zeit, u. a. die Gebrüder Zimmermann und den Bildhauer Anton Sturm, und begann sofort mit dem Bau eines Gotteshauses. Doch hatte er die dafür erforderliche Erlaubnis vom kurfürstlichen Hof in München noch gar nicht erhalten, und so entstand in dem abgeschiedenen Weiler Wies ein Schwarzbau von gewaltigen Dimensionen.

Zum Glück kapitulierte die Verwaltung und gab endlich die offizielle Erlaubnis für den Bau, aber erst, als der Dachstuhl abgebunden war. Trotz aller Widrigkeiten, denn auch die Lage der abgelegenen Baustelle

Einer der schönsten Plätze in Steingaden ist der Kreuzgang.

Wegkreuz auf dem alten Pilgerweg

Schmankerltipp

Schönegger Käse-Alm: Hier kann man sich sehr gut mit regionalen Produkten, vor allem natürlich mit Käse, für zu Hause eindecken.
■ *schoenegger.com*

Die Wieskirche vor den Trauchgauer Bergen

leicht | 6 km | 100 Hm | 1:45 Std.

Auf einen Blick

Tourencharakter
Einfache, nicht allzu lange Streckenwanderung, die 100 Hm sind vorwiegend bergab zu bewältigen. Gute Schuhe sind wichtig, im Wald gibt es viele Wurzeln und Unebenheiten, und auch der Brettleweg kann rutschig sein!

Ausgangspunkt
Wieskirche

Endpunkt
Kloster Steingaden

Anfahrt
Mit der Bahn nach Weilheim oder Füssen und mit Bus 9651 zur Wieskirche. Alternativ mit der Bahn nach Oberammergau und weiter mit Bus 9606. Achtung: Möglichst einen Bus wählen, der bis zur Wieskirche fährt – die Linie 9651 hält z. T. nur an der Abzweigung Kohlhofen/Wieskirche, dann kommen noch einmal 30 Min. Fußmarsch zur Wieskirche hinzu (auf der Straße bis zur Haltestelle Landvolkshochschule, wo ein schöner Fußweg beginnt). Von Steingaden fahren Busse zum Bahnhof Füssen.

Einkehr
Gasthof Schweiger (gasthof-schweiger-wieskirche.de) bei der Wieskirche oder Gasthof Moser (gasthof-moser.de) in Steingaden – beides sind keine Touristenfallen.

Noch wichtig
Wieskirche: geöffnet Jan./Feb./Nov./Dez. 8–17 Uhr, März/April/Sept./Okt. 8–19 Uhr, Mai–Aug. 8–20 Uhr. Während der Gottesdienste darf man die Kirche nicht besichtigen.
Kloster Steingaden: im Sommer tägl. 8–19 Uhr, im Winter tägl. 8–16 Uhr

Weitere Informationen
■ *wieskirche.de*

brachte Schwierigkeiten – ganz abgesehen von den immensen Kosten –, konnte 1756/57 mit der Aufstellung der Seitenaltäre und dem Bau der Orgel die Kirche fertiggestellt werden. Geblieben ist ein einmaliges Rokokunstwerk, das sich in seiner ganzen Schönheit mit nichts vergleichen lässt.

Harmonisches Gesamtbild

Herausragend ist der einheitliche Baustil in allen Gewerken. Der Architekt Dominikus Zimmerman schaffte es, alle mitarbeitenden Künstler, von den Bildhauern, den Stuckateuren und den Malern bis zum Orgelbauer, auf ein gemeinsames Ziel einzuschwören: eine unvergleichliche Gesamtkomposition im Stil des Rokokos. Vom Langhaus zum Hochaltar, von den Säulen zu den Kartuschen und Deckenfresken, von den Fenstern zur Kanzel, von den überlebensgroßen Figuren im Hauptschiff zu den zahllosen Engeln und Putten – alles zeigt eine überbordende Kreativität, die sich nicht nur im Einklang mit dem christlichen Glauben befindet, sondern ein ungeheures Kunstverständnis aufweist.

Das wird vor allem am Deckenfresko deutlich, für das der Bruder des Baumeisters, Johann Baptist Zimmermann, verantwortlich war. Im Hauptschiff überspannt ein leuchtender Himmel im Trompe-l'œil-Stil das Langhaus: Christus als Weltenrichter thront, umgeben von Engeln und Heiligen, auf einem Regenbogen, dem Zeichen des Bundes. Er weist auf das Kreuz und in Richtung des verschlossenen Tors der Ewigkeit, während auf der anderen Seite der Thron des Jüngsten Gerichts noch leer ist. Allein in diesem Fresko ist eine unglaubliche Fülle an Details zu finden, durchzogen mit religiöser und kultureller Symbolik.

Umgeben von zartem Stuck und mit raffinierten Lichtführungen erschließt sich der Raum dem Auge des Besuchers erst nach und nach. Wie einmalig diese Kirche ist, zeigt sich, wenn man sie mehrere Male zu ganz verschiedenen Uhrzeiten besucht – jedes Mal macht sie den Eindruck, sie wäre genau für diese Zeit gebaut worden.

Tipp

Die Klosterkirche von Steingaden, auch Welfenmünster genannt, macht deutlich, wie sich im Lauf der Zeit die Baustile änderten. Die Kapelle St. Johannis im romanischen Stil wird von zwei Löwen bewacht, genauso wie das Kirchenportal der Vorhalle. Aber das Spitzbogengewölbe ist bereits spätgotisch. Und hinter der modernen Tür verbirgt sich dann im Hauptschiff eine echte Überraschung!
■ *steingaden.de*

Von der Wieskirche nach Steingaden

Nach einer ausführlichen Besichtigung der Wieskirche wollen wir auf einem Teilstück des Jakobswegs nach Steingaden wandern. Dafür gehen wir von der Kirche zum Gasthof Moser, dort über die Terrasse und unter der Tennenauffahrt hindurch und biegen auf der Rückseite des Hauses links in einen schmalen Wanderweg. Er ist mit »Steingaden über den Brettleweg« und der Nr. 114 ausgeschildert und überdies ein Teil des Münchner Jakobswegs. Durch ein Drehkreuz wandern wir über eine Wiese in den Wald, dann beginnt auch schon der malerische Brettleweg durch die Wiesfilz. Zum Glück gibt es auf dem herrlichen Wegabschnitt auch Ruhebänke, die uns erlauben, das kostbare Naturschutzgebiet ausgiebig zu genießen.

Der sich anschließende Wald ist nicht minder idyllisch. Nur einmal müssen wir aufpassen: Wir biegen bei der Kreuzung rechts ab, und bald darauf gabelt sich der Weg: Hier folgen wir der Beschilderung nach links. Weiter durch den Wald begleitet uns der Haareckbach. Wo der Wald sich lichtet, ist es nicht mehr weit bis zur Schlöglmühle mit ihren schönen alten Bauernhäusern.

Dahinter treffen wir auf die B 17, der wir nach rechts folgen. Kurz hinter der Schönegger Käse-Alm, die sich für eine abschließende Brotzeit anbietet, biegen wir rechts in den kleinen Weg entlang dem Neuhausbach ein. Zum Finale folgen wir dem malerischen Mühlbach. Der Weg führt uns über das Gelände eines kleinen Sägewerks, dann stehen wir auf der Welfenstraße und sind wenige Schritte weiter am Kloster Steingaden angelangt. Von hier können wir mit Bussen zurück nach Füssen fahren.

LEBENSLUST IM LAND DER BLAUEN REITER

32

Murnau und das Murnauer Moos

Eine Landschaft, geformt von der Eiszeit, dem Wasser und den Menschen. Voller Artenreichtum und gleichzeitig still und unaufdringlich – so präsentiert sich das Murnauer Moos. Das völlige Gegenteil zum Markt Murnau selbst, der pure Lebenslust versprüht.

Murnau ist eine Stadt mit langer Geschichte. Die Gegend war bereits zu vorchristlicher Zeit besiedelt. Richtig spannend wurde es jedoch Anfang des 20. Jahrhunderts, als der Architekt Emanuel von Seidl das Ortsbild veränderte und Künstler wie Gabriele Münter und Wassily Kandinsky den Ort und die Umgebung für sich entdeckten. Murnau wurde zum Zentrum der expressionistischen Malerei und ging damit in die Kunstgeschichte ein. Im Haus von Gabriele Münter trafen sich praktisch alle bedeutenden Vertreter der neuen Stilrichtung: der Münchner Franz Marc, Alexej von Jawlensky, ebenfalls ein Russe wie Kandinsky, und Marianne von Werefkin. Hinzu kamen August Macke, Heinrich Campendonk oder Paul Klee.

Lebendige Kleinstadt

Damals wie heute schätzen die Einheimischen und die Besucher die wunderschöne Lage Murnaus. Eingebettet zwischen dem Staffelsee und dem Murnauer Moos, verspricht sie einen enormen Freizeitwert. Überdies ist die langgezogene Markstraße äußerst lebendig, eine gelungene Mischung aus Tradition und südländischer Leichtigkeit. Viele Straßencafés laden zum Verweilen ein, es gibt nette Geschäfte zum Bummeln und auch sonst viel zu entdecken. Kleine Gassen führen hinauf zum Schloss mit seinem Museum, und im Süden wartet der Seidlpark mit seinen imposanten Bäumen auf einen Spaziergang. Und natürlich ist der nahe Staffelsee ein Anziehungspunkt. Dort kann man nicht nur herrlich baden,

Hinter dem Murnauer Moos ragen die Berge des Werdenfelser Lands empor.

Fast schon mediterranes Flair herrscht in Murnaus Marktstraße.

Tipp

Im Murnauer Russenhaus lebte die Malerin Gabriele Münter (1877–1962), die 1909 das Landhaus erwarb, um mit ihrem Lebensgefährten Wassily Kandinsky die Sommer im Murnauer Land zu verbringen. Heute ist im Gabriele-Münter-Haus ein Museum untergebracht, das die Erinnerung an die beiden großen Expressionisten wachhält (geöffnet Di–So 14–17 Uhr).
■ *muenter-stiftung.de*

sondern auch mit dem Schiff fahren oder ebenfalls wandern.

Einzigartiges Murnauer Moos

Wer einen Tag Zeit hat, der sollte die Besichtigung von Murnau mit einer kleinen Wanderung durch das Murnauer Moos kombinieren. Das große Moor, das hier Moos genannt wird, entstand am Ende der letzten Eiszeit aus einem See, der langsam verlandete. Es ist eines der größten Naturschutzgebiete Deutschlands und wurde seit der Unterschutzstellung 1992 weitgehend renaturiert. Nicht nur seine reiche Flora und Fauna faszinieren, auch die Lage am Fuß der Berge macht das Moos zu etwas ganz Besonderem.

Das Blaue Land

Mit den Worten »Das Blaue Land« werben die Touristiker von Murnau und den umliegenden Gemeinden um Gäste – ein Begriff, den man sich bei den Künstlern der Vereinigung Der Blaue Reiter stibitzte. Wer an einem klaren Sommertag von den Anhöhen über dem Gasthof Ähndl auf das Murnauer Moos vor den Bergen blickt, versteht, warum Maler wie Wassily Kandinsky und Franz Marc die Farbe Blau in ihren Bildern so hervorgehoben haben: Über dem Moor schwebt das wabernde Blaugrau der aufgeheizten Luft, das im Hintergrund in die dunkelblauen Berghänge des Werdenfelser Lands übergeht. Und über allem wölbt sich der weiß-blaue Himmel – was will man mehr?

Tipp

Wer statt in die Altstadt Murnaus lieber zum Staffelsee will, folgt vom Bahnhof ebenfalls dem Fußweg, bleibt dann aber geradeaus, um kurz danach rechts die Gleise zu queren. Auf der anderen Seite geht es durch eine Parkanlage hinab zum Staffelseeufer.

Herrliche Wanderung

Vom Murnauer Bahnhof geht es nach Süden: Ein Fuß- und Radweg führt uns links über den Kreisverkehr, dahinter rechts über die B 2 und weiter auf dem Ödön-von-Horvath-Weg und der Griesbräustraße zum Obermarkt. Damit sind wir mitten in Murnau angekommen. Bevor wir uns jedoch alles genau ansehen, wollen wir etwas wandern gehen – deswegen laufen wir nun immer geradeaus abwärts und folgen nach der großen Kreuzung der Garmischer Straße (B 2) gen Süden.

Schließlich biegen wir rechts in die Ramsachstraße ein und wandern leicht abwärts. Auf ihr erreichen wir ein Infohäuschen des Murnauer Mooses an einem Wanderparkplatz und stehen bald darauf unterhalb des Ramsachkirchleins mit dem Gasthaus Ähndl. Hier biegen wir nun links ein und queren dabei die Ramsach, dann geht es für uns rechts auf den kleinen Moorrundweg. Landschaftliche Schönheit umgibt uns, wohin das Auge blickt, egal, ob als Panoramabild mit Alpenkette oder beim Betrachten der vielfältigen Pflanzen.

Nach gerade mal 750 Metern verlassen wir den breiten Weg nach rechts und stei-

leicht | 8,5 km | 100 Hm | 3 Std.

Auf einen Blick

Tourencharakter
Kleiner Stadtspaziergang, der sich aber durch die Wanderung durchs Murnauer Moos ausdehnt. Die Wege sind jedoch sehr einfach zu begehen.

Ausgangs-/Endpunkt
Murnau

Anfahrt
Mit dem Zug zum Bahnhof Murnau und zu Fuß in die Innenstadt

Einkehr
Im Obermarkt gibt es sehr viele Cafés und Restaurants, am Untermarkt z. B. das Karg Bräustüberl (karg-murnau.de) oder das Café Florentina (cafe-florentina.de).

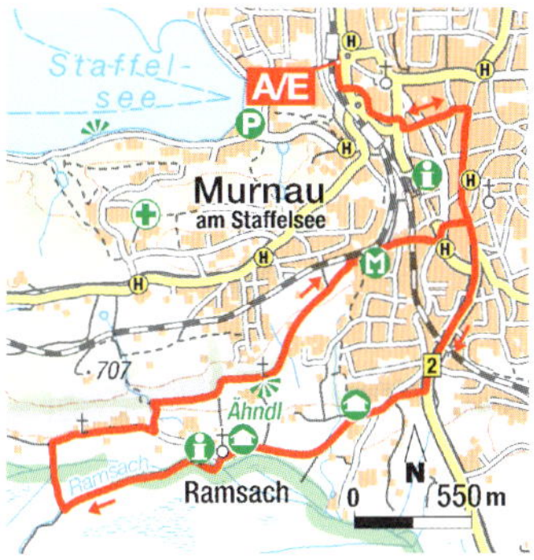

Noch wichtig
Schloßmuseum Murnau: ganzjährig geöffnet Di–So (Mo geschlossen) 10–17 Uhr, zeigt Gemälde von Gabriele Münter, Ödön von Horvath und den Künstlern des Blauen Reiters (schlossmuseum-murnau.de)

Weitere Informationen
■ *murnau.de*

gen zu einer Wiese hinauf. Hier halten wir uns rechts, vorbei an ein paar Häusern, dann geht es links weiter aufwärts. Beim Aufstieg sollten wir uns immer wieder einmal umdrehen, um das schöne Panorama zu genießen. Kaum sind wir im Wald, erreichen wir den Drachenstich, einen kleinen Wasserfall.

Hier geht es rechts weiter, und vorbei an der Asambank, der aussichtsreichen Stelle Asam-Punkt und der Georgskapelle. Die Aussichten über das Murnauer Moos auf die nahen Berge werden immer spektakulärer. Zum Glück gibt es viele Rastbänke, um das Ambiente ausführlich zu genießen.

Zum Finale wandern wir durch die schöne Kottmüllerallee, passieren das Gabriele-Münter-Haus und sind nach der Querung der B 2 hinter den Supermärkten wieder zurück in der Murnauer Altstadt, wo wir nun in aller Ruhe einkehren und die pure Lebenslust genießen wollen.

Schilf säumt unseren Weg durch das Moor.

WANDERELDORADO MIT KITSCHFAKTOR

33

Mittenwald – Urlaubsoase im Werdenfelser Land

Eingebettet zwischen Wetterstein, Kranzberg und Karwendel, nahe der österreichischen Grenze, liegt der malerische Geigenbau- und Luftkurort Mittenwald. Die noch junge Isar, die türkisblau durch das Tal plätschert, holt hier gerade erst Schwung.

In der Antike führte die römischen Straße Via Raetia durch das Tal. Um 1080 wurde dann der Ort das erste Mal als Media silva in den Urkunden erwähnt. Es handelte sich wohl um ein Rodungsgebiet, also eine Lichtung im dichten Wald. »Mitten im Wald« liegt Mittenwald heute zwar nicht mehr, aber es gibt kaum einen anderen Ort im Werdenfelser Land, der landschaftlich so reizvoll eingebettet ist. Rundherum gruppieren sich die imposanten und berühmten Felswände des Karwendels und des Wettersteins sowie das Estergebirge. Egal, wohin man blickt, man kommt aus dem Staunen nicht heraus.

Historische Idylle

Vom Bahnhof ist es nur ein Katzensprung bis ins Zentrum. Zehn Minuten folgen wir maximal der Bahnhofstraße, dann geht es links in die Hochstraße und damit zum Beginn des Obermarkts, dem Herzstück von Mittenwald. In der Fußgängerzone gibt es viel zu entdecken. Die Häuser sind allesamt reich bemalt und überdies zum Teil sehr alt. Kein Neubau stört den Gesamteindruck. In den vielen Straßencafés und Gaststätten stehen Tische zur Einkehr bereit, überall gibt es nette Läden zum Bummeln. Mitten durch den Markt plätschert ein offener Bachlauf – Idylle pur!

Rund um die Pfarrkirche St. Peter und Paul und im Ortsteil Gries gruppieren sich die ältesten Häuser des Orts. Viele davon sind mit Lüftlmalereien geschmückt. In die

Tipp

Mittenwald geizt nicht mit Wander-Highlights, und vor allem Familien werden die Wanderung durch die nahe Geisterklamm spannend finden – dafür kann man aus drei Wegvarianten auswählen.

Am Lautersee wird man erneut zur Einkehr verführt.

Im Mittenwalder Ortsteil Gries

Vieles dreht sich um den Geigenbau.

Die Karwendelberge rund um Mittenwald sind wirklich mächtig.

Nur im Spätherbst ist es am Lautersee einsam und ruhig.

barocke Pfarrkirche sollten wir unbedingt einen Blick werfen: Nicht nur ihr Inneres, auch der Turm trägt Fresken von Matthäus Günther, und der reiche Stuck von Anton Schmutzer vollendet die Ausstattung der Kirche, die deshalb zu den schönsten Barockkirchen Südbayerns zählt.

Mittenwald spart auch nicht am sommerlichen Blumenschmuck.

Der Himmel voller Geigen

Mittenwald ist außerdem ein Zentrum des europäischen Geigenbaus. Matthias Klotz, dem das Denkmal vor der Kirche gewidmet ist, gilt als Begründer dieses Handwerks hier, nördlich der Alpen. Er verließ 1664 mit nur elf Jahren Mittenwald, um in Italien das Geigenbauhandwerk zu erlernen. Als er zurückkehrte, brachte er die Kunst anderen ansässigen Familien bei. Diese Tradition blieb bis heute erhalten. Noch immer gibt es elf Instrumentenbauer in Mittenwald, deren begehrte Instrumente in die ganze Welt verschickt werden. Hinter der Kirche befindet sich in der Ballenhausgasse das Mittenwalder Geigenbau-

Aussichtsgipfel Kranzberg

Tipp

Als alternative Abstiegsmöglichkeit bietet sich vom Kranzberg die rasante Abfahrt auf den Mountaincarts an, die man sich an der Bergstation des Kranzberglifts ausleihen und auf einer eigens angelegten Spur bergab rauschen kann (ab 10 Jahren, Mindestgröße 1,35 m, Helmpflicht).
■ mountaincarts-mittenwald.de

museum, das natürlich komplett unter dem Motto »Streichinstrumente« steht (geigenbau-museum-mittenwald.de).

Lüftlmalereien sind typisch für das Ortsbild.

Auf den Kranzberg

In Mittenwald gibt es unzählige wunderschöne Wandermöglichkeiten. Die Bergwanderung auf den Kranzberg zählt dabei zu den leichten Touren, die auch konditionsschwächere Wanderer mit Hilfe des Kranzberglifts gut schaffen können. Das Besondere am Kranzberg: Er ist dem Karwendel vorgelagert, genau genommen liegt er gegenüber. So genießt man mit jedem Schritt und Höhenmeter immer schönere

mittel | 13 km | 500 Hm | 4 Std.

Auf einen Blick

Tourencharakter
Etwas längere Bergwanderung ohne technische Schwierigkeiten. Lässt sich mithilfe des Kranzberglifts im Anstieg um 1 Std./300 Hm abkürzen. Bademöglichkeit im Ferchensee

Ausgangs-/Endpunkt
Mittenwald

Anfahrt
Mit dem Zug (Werdenfelsbahn) ab München nach Mittenwald

Einkehr
Berggasthaus St. Anton (Di Ruhetag), Gasthaus Ferchensee (Fr Ruhetag; ferchensee.eu), Lautersee-Alm (Mo Ruhetag; lautersee-alm.de)

Weitere Informationen
alpenwelt-karwendel.de

Panoramablicke auf die felsige Bergwelt des Karwendels.

Um dorthin zu gelangen, verlassen wir den Mittenwalder Bahnhof, spazieren in die Ortsmitte und passieren das Klotz-Denkmal und die bemalte St.-Peter-und-Paul-Kirche in die Matthias-Klotz-Straße. So kommen wir nach links in den Ortsteil Gries. Weiter nach Westen Richtung Berg sind wir dann auf der Kranzbergstraße unterwegs. Diese teilt sich; wir halten uns links in den Schillerweg und können uns nun gleich einmal ein bisschen warmlaufen: Über viele Stufen führt der Weg an einer Kreuzigungsgruppe vorbei aufwärts und schließlich nach rechts über den Parkplatz des Kranzberglifts. Wer an seiner Kondition zweifelt, sollte sich nicht scheuen und das bequeme Angebot zur Bergauffahrt in Anspruch nehmen – man erspart sich so 300 Höhenmeter Aufstieg und etwa eine Stunde Gehzeit. Die Aktiveren folgen dem Wanderweg unterhalb der Lifttrasse – er ist zum Kranzberg ausgeschildert.

Barfußpfad oder Gipfelsturm?

An der Bergstation des Kranzberglifts angekommen, wenden wir uns nach links und stehen nach wenigen Schritten vor dem Berggasthof St. Anton. Hier beginnt der große Panorama-Barfußpfad, den wir gern benützen, denn er macht viel Spaß und bedeutet nur einen kleinen Umweg. Aber Schuhe mitnehmen, denn wir kommen nicht zurück!

Wer keine Lust auf eine durchblutungsfördernde Fußmassage hat, folgt einfach weiter der Beschilderung zum Hohen Kranzberg. Ab und an sollten wir uns unbedingt umdrehen, um die herrliche Aussicht zu bewundern. Dann erreichen wir das Kranzberghaus (privat) und steigen dahinter in wenigen Minuten zum Gipfel hinauf. Auf dem 1391 Meter hohen Hügel steht eine nette kleine Holzhütte. Gerade wenn der Wind hier oben pfeift, finden wir immer ein windgeschütztes Plätzchen, um die Aussicht zu genießen.

Abstiegs-Alternativen

Vom Gipfel geht es wieder zum Kranzberghaus hinunter, und hier müssen wir uns entscheiden: Wer jetzt keine Lust mehr hat, kann auf demselben Weg zurückwandern oder zur Abfahrt die Mountaincarts benutzen (s. Tipp). Ansonsten folgen wir dem Wegweiser, der uns rechts am Haus vorbei Richtung Ferchensee schickt. Durch lichten Mischwald steigen wir talwärts, der Weg führt teils über Holzbohlen, teils über offenliegendes Wurzelwerk. Wenn es zuvor geregnet hat, ist hier Vorsicht geboten!

Schließlich erreichen wir in einem großen Bogen den schönen Ferchensee, wo wir im Sommer baden oder im Gasthaus Ferchensee einkehren können. Wir nehmen den Wanderweg, der an seinem Südufer entlang führt, und erreichen auf ihm den Lautersee. Dieser ist mit den sich im Wasser spiegelnden Felswänden des Karwendels nicht minder schön.

Wir wenden uns nach links, laufen am Freibad vorbei und kommen zu einer Kapelle. Ein Stück weiter verzweigt sich der Weg am Waldrand. Links könnte man über einen Aussichtspunkt zur Talstation des Kranzbergliftes wandern. Der direkte und steilere Weg führt durch das Lainbachtal zurück nach Mittenwald und damit zum Bahnhof.

Schmankerltipp

Gasthof Gries: Zwar nicht in der Fußgängerzone, aber sehr idyllisch im Ortsteil Gries gelegen, bietet er ausgefallene bayerische Gerichte und echte Schmankerl: Ochsenbackerl, saures Züngerl oder die hausgemachte Rindersülze. Wem das zu deftig ist, der findet auch klassische oder vegetarische Speisen auf der Karte.
■ *gasthof-gries-mittenwald.de*

Im Gasthof Gries schmeckt es!

DAS TOR ZUM ISARWINKEL

34

Bad Tölz an der Isar

Bad Tölz ist nicht erst seit der Fernsehserie »Der Bulle von Tölz« weithin bekannt. Seinen Aufstieg hat der Flößereiort der Isar zu verdanken. Auch wurden hier gesundheitsfördernde Jodquellen entdeckt, die Bad Tölz den Kurstatus einbrachten. Dieses Städtchen ist immer einen Besuch wert.

Bad Tölz lässt sich als äußerst malerisch beschreiben. Die Lebensader Isar trennt die Stadt in die Altstadt und in das Kurviertel. Über beiden wacht der Kalvarienberg mit seinen beiden Kirchen, einer der schönsten Aussichtspunkte im Tölzer Land.

Hohe Kirchenkunst

Wir starten am Bahnhof Bad Tölz und folgen der Bahnhofstraße, die unweit des Netto-Markts nach rechts abbiegt. Sie führt uns direkt zur Mühlfeldkirche an der Ecke der Salzstraße, deren raffinierter Turm mit seinen zwei übereinander gebauten Zwiebeln nicht zu übersehen ist. Als Pestkirche errichtet, wurde sie später im barocken Stil dekoriert. Hervorzuheben ist vor allem das Deckenfresko des Augsburger Malers Matthäus Günther, der mit seinem Bild wirklichkeitsnah von einer Prozession der Tölzer Bürger in der Pestzeit erzählt.

Im Herzen der Altstadt

Unser Weg führt auf der Salzstraße bergab und durch den Khanturm. Dieser geht ursprünglich auf das 14. Jahrhundert zurück, wurde aber in den 1960er-Jahren abgerissen und in seiner heutigen Form neu aufgebaut. Dahinter beginnt die eigentliche Altstadt mit der Fußgängerzone, der Marktstraße, die historisch wirkt und einen fast dörflichen Charakter hat. In Wirklichkeit verdankt sie ihr einheitliches Bild dem Münchner Architekten Gabriel von Seidl, der in der Zeit um 1900 die Erlaubnis erhielt, das Stadtbild umzugestalten.

Als Erstes treffen wir auf das Denkmal für den Ritter Kaspar Winzerer III. Er war herzoglicher Pfleger, also für die Verwaltung und für die Verteidigung der Stadt verantwortlich. Links davon fällt das ehemalige Rathaus mit seinen beiden Giebeln auf, in dem heute das Stadtmuseum untergebracht ist, das über die Tölzer Geschichte informiert. Über 800 Objekte sind derzeit ausgestellt, und natürlich spielt dabei auch die Flößerei eine wichtige Rolle. Diese brachte nicht nur Geld in die Tölzer Kassen, sondern auch neue Ideen. Das zeigt sich z. B. am reich bemalten Himmelbett, das man mit arabischen Motiven verzierte. Die Tölzer Flößer waren weit gereiste Fuhrunternehmer, sie kamen von der Isar über die

Die Tölzer Marktstraße wurde größtenteils von Gabriel von Seidl gestaltet.

Im Kurhaus gibt es das ganze Jahr über viele Veranstaltungen.

Tipp

Im Tölzer Marionettentheater am Schlossplatz stehen in den Wintermonaten fast jedes Wochenende mehrere Stücke sowohl für Erwachsene als auch für Kinder auf dem Spielplan – ein echtes Highlight!
■ *marionetten-toelz.de*

Die Isar wird heute nördlich von Bad Tölz aufgestaut.

Donau bis weit in den Balkan hinein, den damals die Türken besetzt hielten. Dort sahen sie solche Malereien, die ihnen so gut gefielen, dass sie sie zu Hause imitieren ließen.

Leonhardi auf dem Berg

Kurz vor dem Posthotel Kolberbräu zweigt rechts die Jägergasse ab. Wir folgen ihr, queren die Nockhergasse leicht nach rechts und steigen dann, stets der Beschilderung folgend, auf den Kalvarienberg zur doppeltürmigen Heilig-Kreuz-Kirche und zur Leonhardikapelle. Diese ist das Ziel der alljährlichen Wallfahrt zum Heiligen Leonhard, dem Schutzpatron der Tiere. Seit 1772 fahren jedes Jahr am Leonharditag, dem 6. November, Vierergespanne mit den Wallfahrern durch die Tölzer Altstadt hinauf zur Leonhardikapelle. Hier erteilt ein Priester den Segen für die Menschen und alle Tiere. Etwa 80 Pferdegespanne, die teilweise historische Truhenwägen ziehen, auf denen Frauen in festlicher Tracht sitzen, nehmen daran teil. Die Regeln der Tradition sind streng, Reiterinnen sind nicht erlaubt, wohl aber sitzend auf den Wägen. Mit 25 000 Personen – aktive Teilnehmer und Zuschauer – hat es die Tölzer Leonhardifahrt zum Eintrag ins immaterielle UNESCO-Weltkulturerbe geschafft.

Die wunderschöne und berühmte Aussicht vom Kalvarienberg genießt man jedoch besser an einem ruhigeren Tag: Vor uns breitet sich der Isarwinkel aus, links und rechts flankiert von den bayerischen Vorbergen, und bis weit ins Frühjahr hinein leuchten im Hintergrund die imposanten Gipfel des Karwendels weiß überzuckert – ein echt traumhafter Rastplatz.

Das Wort Isar stammt wohl von *Isaria* und bedeutet »die Wilde«.

Ins Kurviertel

Zurück in der Marktstraße folgen wir dieser weiter bergab bis zu ihrem Ende kurz vor der Isar. Etwas nach links findet sich noch ein besonderes Schmankerl für Freunde des Schauspielers Ottfried Fischer: Nur wenige Meter den Kapellengasteig hinunter, entdeckt man das Bulle von Tölz MUSEUM, wo man alles Wissenswerte mit vielen Hintergrundinformationen über die beliebte Krimiserie erfährt.

Dann queren wir die Isar und steigen am Kreisverkehr geradeaus die Franziskanergasse zur Franziskanerkirche hinauf. Deren Inneres ist sehr einfach gehalten, trotzdem darf man die feinen Intarsienarbeiten an den Altären nicht übersehen. Hinter der Kirche liegt ein kleiner Park mit einem Rosengarten, ein wunderbarer Platz der Ruhe in der doch recht belebten Stadt.

Die Tourist-Info schließt den Park nach Westen hin ab, ihr gegenüber beginnt die Ludwigsstraße. Am Vichyplatz, ganz im Eck versteckt, findet sich das Gasthaus Tölzer Binderbräu, das sein eigenes Bier anbietet. Ein Besuch lohnt sich.

Im weiteren Verlauf der Ludwigstraße kommen wir an der ehemaligen Wandelhalle vorbei zum Kurpark mit dem großen Kurhaus. Geplant wurde es von Gabriel von

Einen genauen Blick sollte man auf die Floriansfigur am Jungmayrplatz werfen.

Seidl und 1914 von seinem Bruder Emanuel von Seidl fertiggestellt. In diesem nostalgischen Haus mit seinem stimmungsvollen Interieur finden viele Konzerte, Ausstellungen, Hochzeiten und Seminare statt.

Da geht noch mehr!

Vom Kurviertel spazieren wir zur Isar zurück - jetzt haben wir die wichtigsten Sehenswürdigkeiten der Stadt gesehen. Wer noch etwas mehr wandern möchte, folgt hier, ohne den Fluss zu queren, der Isarpromenade nach links. Flussabwärts gibt es noch zwei Brücken, mit deren Hilfe wir dann wieder auf die Altstadtseite gelangen. Den Fußgängersteg erreichen wir dabei recht schnell; auf der anderen Seite halten wir uns rechts, steigen ein Stück Richtung Kalvarienberg auf, um dann jedoch durch den lichten Buchenwald auf halber Höhe zurück zur Nockhergasse zu gelangen.

Wer länger gehen möchte (+1 Std.), der lässt den Fußgängersteg rechts liegen und folgt weiter dem Isarufer bis zum Isarstausee, wo man dann am Isarkraftwerk den Fluss quert. Alternativ kann man noch die Gassen im Gries erkunden, die unweit des Bulle-von-Tölz-Museums zu finden sind.

leicht

beliebig

Auf einen Blick

Tourencharakter
Gemütlicher Stadtspaziergang, jedoch mit ein paar wenigen Aufstiegsmetern am Kalvarienberg (kann auch ausgelassen werden)

Ausgangs-/Endpunkt
Bad Tölz

Anfahrt
Mit der Bayerischen Regiobahn (BRB) ab München nach Bad Tölz

Einkehr
Sehr nett: das Café Love direkt an der Isar (cafelove.de). Für den Sundowner gehen die Tölzer an den Jungmayrplatz, hier gibt es mehrere Restaurants und Cafés. Ebenfalls empfehlenswert: das Dietmanns (unbedingt reservieren, dasdietmanns.de)

Noch wichtig
Mühlfeldkirche: tagsüber immer geöffnet
Stadtmuseum: geöffnet Di–So 10–17 Uhr
Bulle von Tölz MUSEUM: Mo–Sa 10–17 Uhr, So/Feiertage 11–17 Uhr, Sa/So jeweils um 10 Uhr Bulle-von-Tölz-Stadtführung (dasbullevontoelzmuseum.de)

Weitere Informationen
■ *bad-toelz.de*

Auf den Kiesbänken kann man im Sommer baden.

Traumtour in den Bayerischen Voralpen

35

Vom Tegernsee zum Schliersee

Diese Wanderroute verbindet zwei der schönsten oberbayerischen Seen: den Tegern- und den Schliersee. Sie sind durch einen nicht allzu hohen Vorberg voneinander getrennt, der sich dank der vielen guten Einkehrmöglichkeiten obendrein sehr genussvoll erwandern lässt.

Die Neureuth ist eines der beliebtesten Ausflugsziele am Tegernsee und hat noch dazu beinahe das ganze Jahr über geöffnet. Von dort gibt es einen wunderbaren Übergang zu den Gindelalmen, die bereits zum Schlierseegebiet gehören. Und wer seine Badesachen einpackt, kann die Wandertour mit einem Sprung ins Wasser krönen – ein echtes Zusatz-Highlight!

Traumblick auf der Neureuth

Die Wanderung beginnt am Bahnhof des Orts Tegernsee am Ostufer des gleichnamigen Sees. Vom Bahnhofsplatz geht es kurz nach links in die Klosterwachtstraße, die wir aber gleich wieder nach rechts auf den ansteigenden Niggelweg verlassen, wo bereits die Neureuth ausgeschildert ist. In Wanderrichtung führt uns der Weg zunächst hinauf zum Wellnesshotel Das Tegernsee, wo wir einen traumhaft schönen Blick auf den Tegernsee und seine Berge genießen. Wir spazieren zwischen den Gebäuden hindurch und kommen am Parkplatzende in den Wald.

Nach dem kleinen Bach geht es rechts, und wir steigen nach der Linkskurve bald steil und in vielen Zicks und Zacks aufwärts. Zur Neureuth führen viele Pfade durch den Wald, als richtig sanft und gnädig erweist sich keiner. Wir sind auf dem Bayernweg unterwegs, und zum Glück dauert die Anstrengung nicht lange, denn bald erreichen wir den Waldrand und sehen links über uns die Gebäude der Neureuth.

An der Kriegerkapelle vorbei sind wir mit ein paar Schritten auf der sonnenverwöhnten Terrasse am Berggasthaus auf 1263 Metern Höhe. Bei dieser Aussicht ist es kein Wunder, dass die Gaststätte trotz ihrer steilen Anmarschroute zu einem der bekanntesten Ausflugsziele des Tegernseer Gebiets zählt: Unter uns liegt der Tegernsee, eingerahmt von Wallberg, Hirschberg und

> **Tipp**
>
> Ganzjährig geöffnet haben das Schwimmbad und die Saunawelt »monte mare« am Schliersee – es lohnt sich also auch in der kalten Jahreszeit, die Badesachen in den Rucksack zu packen; Bademantel oder Saunahandtuch kann man sich aber sogar dort ausleihen.
> ■ *monte-mare.de*

Kaum haben wir die Gindelalm erreicht, öffnet sich die Sicht nach Osten.

Mit der BRB geht es hin und zurück.

Spätestens an der Gindelalm haben wir uns eine Brotzeit verdient.

Auf der Neureuth ist die Aussicht über den Tegernsee unglaublich schön.

mittel | 13 km | 550 Hm | 4 Std.

Auf einen Blick

Tourencharakter
Recht lange Bergwanderung ohne technische Schwierigkeiten

Ausgangspunkt
Tegernsee-Ort

Endpunkt
Schliersee

Anfahrt
Mit der BRB (Bayerischen Regiobahn) ab München zum Bahnhof Tegernsee. Rückfahrt ab Bahnhof Schliersee ebenfalls mit der BRB

Einkehr
Unterwegs Neureuth (neureuth.com) und Gindelalm Nr. 2 (gindelalm.de); am Schliersee mehrere gute Einkehrmöglichkeiten

Weitere Informationen
■ *tegernsee.com, schliersee.de*

Badefreuden am Schliersee

Gemütlich ist es an der Hauswand der Gindelalm.

Seekarkreuz, und im Hintergrund ragen die Blauberge mit dem Schildenstein empor. Sogar bei Schnee kann man auf dem geräumten Winterwanderweg hier heraufsteigen.

Zu den Gindelalmen

Wir könnten jetzt schon einkehren oder aber gleich unser nächstes Ziel, die Gindelalmen, anvisieren. Dazu folgen wir den Schildern »N2 – Kreuzberg, Alpbachtal, Prinzenweg« nach Osten. Nach einer halben Stunde Waldweg erreichen wir den Almboden der Gindelalmschneid. Vor uns liegen die Almhütten, im Norden sehen wir den Taubenberg und die Kreisstadt Miesbach. Wer möchte, steuert die Hütten nicht direkt an, sondern hält sich zunächst rechts, um auf die Gindelalmschneid zu steigen. Mit 1335 Metern ist es der höchste Punkt unserer Wanderung, der noch dazu mit einem Gipfelkreuz garniert ist.

Über den Wiesenpfad schlendern wir anschließend zu den Hütten hinunter, die im Sommer noch immer als echte Almen bewirtschaftet werden. An der Gindelalm Nr. 2 – das ist die mittlere und größte – lädt die lange Hausbank zur Rast ein. Seit vielen Jahren wird die Alm von einer überaus freundlichen Familie betrieben und der Kaiserschmarrn immer frisch zu bereitet. Wenn viel los ist, kann es da schon mal zu Wartezeiten kommen, was bei der schönen Aussicht aber kein Problem ist.

Schmankerltipp

Café Milchhäusl: Direkt an der Uferpromenade des Schliersees gelegen, ist das Café ein idealer Platz, falls man noch auf den Zug warten muss.
■ ***milchhaeusl-schliersee.de***

Abstieg zum Schliersee

Nach der Rast biegen wir hinter der bewirtschafteten Gindelalm rechts auf den Wanderweg ein, der »Zum Hennerer« und Richtung Schliersee beschildert ist. Der breite Forstweg ist nun deutlich einfacher zu begehen als der Aufstiegsweg. Wieder geht es in den Wald, und in vielen Kurven erreichen wir schließlich das Bauernhofcafé Hennerer mit seinem großen Wanderparkplatz.

Jetzt folgen wir der Hennererstraße nach Nordosten, passieren einen Weiher und kommen in den Ortsteil Breitenbach. Wer noch den Schliersee besuchen möchte, um vielleicht ins Wasser zu hüpfen, biegt vor dem Breitenbach rechts in den Weg Am Laubenbach ein. An seinem Ende kann man über eine klitzekleine Brücke leicht rechts die Westerbergstraße in den Tegernseer Weg queren. Dieser führt uns über die Bahngleise; unmittelbar dahinter biegen wir links ein und folgen dann rechts der Beschilderung vorbei am Eisplatz zum Schliersee.

Der Bahnhof ist nun auch nicht mehr weit, er liegt direkt in zweiter Reihe hinter dem Schwimmbad »monte mare« am Schliersee.

AUSFLUG ZUR FRAUENINSEL

36

Chiemsee-Wanderung mit Schifffahrt

Dieser Wegabschnitt am Chiemseeufer entlang bietet eine einzigartige Symphonie aus Licht, Wasser, Farben und Weite. Schilf wiegt sich im Wind, und zwischen Wasserblau und Himmelsazur erheben sich am Horizont die Chiemgauer Berge. Auf der Rückfahrt mit dem Schiff besuchen wir noch die Fraueninsel.

Drei Inseln liegen im Chiemsee: die Herren-, die Frauen- und die unbewohnte Krautinsel. Am schönsten ist Frauenchiemsee mit seinen malerischen Fischerhäusern und der altehrwürdigen Abtei der Benediktinerinnen. Den guten Geist, der bis heute von diesem Kloster ausgeht, kann man ebenso wie die jahrhundertealte Geschichte überall auf der Insel spüren.

Fangfrischer Fisch

Wir beginnen unsere Wanderung an der Schiffsanlegestelle im Priener Ortsteil Stock und gehen auf der Uferpromenade zum See. Dort beginnt der Chiemsee-Uferweg, auf der Seestraße, der uns bis Gstadt bringen wird. Vorbei an einigen Cafés und Restaurants wird der Weg hinter dem Hallenbad Prienavera rasch zu einem Fußweg. Wenn wir auf die Herreninsel schauen, so sehen wir durch eine große, künstlich angelegte Schneise das Königsschloss. So war es von König Ludwig II. gewollt, man sollte sein Schloss schon von Weitem bewundern können. Näher durfte man allerdings nicht kommen, die Herreninsel war zu seiner Zeit für jeden Besuch gesperrt.

Unser Weg führt uns nun durch den breiten Schilfgürtel am Seeufer, der durchwegs als Landschaftsschutzgebiet ausgewiesen ist. Wir passieren die Fischräucherei Winklfischer und kommen zur Fischhütte. Beides

Die Schafwaschener Bucht mit der Kirche von Rimsting

Auf dem Chiemsee verkehrt auch ein Nachbau eines Schaufelraddampfers.

Wandern ist eine Tätigkeit der Beine – und ein Zustand der Seele. (Josef Hofmiller)

Tipp

Die Chiemsee-Maler waren Anfang des 20. Jh. ein Begriff in der Kunstwelt. Sowohl im Gasthaus Zur Linde als auch beim Inselwirt auf der Fraueninsel findet man noch Bilder von ihnen in der Wirtsstube, mit denen sie wohl einst ihre Zeche bezahlten. Die meisten Bilder der Malschule sind im Heimatmuseum Prien ausgestellt, das einen hervorragenden Überblick über zwei Jahrhunderte Kunstschaffen am Chiemsee bietet.

sind einfache Fischgaststätten mit Selbstbedienung, die aber unglaublich guten und absolut fangfrischen Fisch aus dem See bieten.

Über die Schafwaschener Bucht

Bei der Fischhütte knickt der Weg links vom See ab, und wir umgehen nach rechts die Kläranlage. Dann wandern wir wieder parallel zum Seeufer auf einer Birkenallee über den verlandeten Seegrund. Auf einer hohen Brücke überqueren wir einen Seitenarm der Prien, dann geht es nach links zur nächsten Brücke, die uns über den Hauptarm der Prien bringt. Die Prien hat hier eine große Landzunge angeschwemmt. Diese schiebt sich so weit in den Chiemsee hinein, dass nördlich davon die Schafwaschener Bucht entstanden ist.

Vorbei an dem beliebten Badestrand mit seinem Kiosk führt unser Weg durch den Schilfgürtel zunächst nach Norden, dann wendet er sich in großem Bogen nach links und trifft auf einen breiteren Weg, der uns rechts nach Schafwaschen führt. Am Gasthof Seehof vorbei erreichen wir die Hauptstraße Rimsting-Seebruck, in die wir ebenfalls rechts einbiegen. Nach gut 300 Metern hat der Autoverkehr ein Ende, und wir biegen nach rechts wieder in den Chiemsee-Uferweg. Dieser Teil des Sees, den wir jetzt umwandert haben, ist die Schafwaschener Bucht. Hier ist das Wasser ganz flach und damit schon im Frühsommer angenehm warm - ideal für eine kurze Badepause.

Tretboote warten in Gstadt auf Wasserratten.

Sassau und Urfahrn

Bei einem kleinen Wanderparkplatz überqueren wir schräg nach links die Zufahrt nach Sassau, einer privaten Halbinsel, die man nicht betreten darf. 200 Meter weiter biegen wir rechts ein, um in Seenähe zu bleiben. Wieder am Wasser passieren wir in Kailbach ein paar Fischerhäuser, die sich zu respektablen Pensionen gemausert haben, und steigen ein paar Meter aufwärts zum Strandbadpavillon von Breitbrunn.

Von dort wandern wir weiter vor zur Spitze der Halbinsel Urfahrn. Wir sind jetzt genau gegenüber der Herreninsel, durch die Bäume schaut der alte Dom des säkularisierten Klosters zu uns herüber: Ein Gedenkstein erinnert, dass von dieser Stelle der bayerische König Ludwig II. zum ersten Mal auf die Insel übersetzte. Wir wenden uns kurz nach links, dann führt der Weg zwischen Häusern hindurch wieder ans Ufer. Vorbei an einigen Yachthäfen erreichen wir das Nordende der Mühlner Bucht.

Nach Gstadt

Vor dem Restaurant Oberleitner geht es dann wieder nach rechts und immer mehr oder weniger dicht am Seeufer entlang. Auf der Höhe über dem Ufer stehen prächtige Villen, die noch aus einer Zeit stammen, in der man die Grundstücke nicht nach Quadratmetern, sondern nach Tagwerk kaufte. Fast alle diese Häuser waren früher Sommerwohnungen, inzwischen sind sie ganzjährig bewohnt. Der Ganszipfel, ein markant in den See hineinragendes Uferstück

leicht | 14,5 km | 50 Hm | 4:30 Std.

Auf einen Blick

Tourencharakter
Einfache, aber längere Wanderung größtenteils auf Wanderwegen, die allerdings auch von Radfahrern benutzt werden. Wenig Schatten. Rückfahrt mit den Chiemsee-Schiffen mit Zwischenstopp auf der Fraueninsel. Auch im Winter möglich

Ausgangs-/Endpunkt
Prien-Stock

Anfahrt
Mit der Bahn nach Prien und von Mai bis Sept. weiter mit der historischen Schmalspurbahn nach Prien-Stock (Extrakosten!) ans Chiemseeufer. Ansonsten fährt dorthin auch ein Bus.

Einkehr
Gasthaus Seehof in Schafwaschen, Haus am See bei Urfahrn, viele Gasthäuser in Gstadt und auf der Fraueninsel

Weitere Informationen
- *prien.de, chiemsee-schifffahrt.de*

mit Aussichtsturm, lässt uns über das glitzernde Wasser hinweg auf die Fraueninsel mit ihrem Kloster schauen. Dann erreichen wir Gstadt, wo unsere Wanderung zunächst endet. Dort schauen wir als Erstes, wann das nächste Schiff Richtung Fraueninsel ablegt, und wenn noch Zeit ist, können wir in einem der Strandpavillons ganz bequem darauf warten.

Bezaubernde Fraueninsel

Von Gstadt setzen wir dann mit dem Schiff zur autofreien Fraueninsel über. Sie ist mit 13,5 Hektar ein echtes Kleinod, gerade einmal 250 Menschen leben hier das ganze Jahr über. Egal, ob wir rechts oder links um die Insel spazieren – alle Wege führen zur altehrwürdigen Abtei der Benediktinerinnen, die ihren historischen Ursprung im ausgehenden 1. Jahrtausend hat. Aber auch die malerischen Fischerhäuser mit ihren blumengeschmückten Gärten und die netten Einkehrmöglichkeiten verleihen der Insel ein bezauberndes Flair. Wir sollten auch unbedingt den höchsten Punkt der Insel mit seinen uralten Linden besuchen – man erreicht ihn vom Inselfriedhof durch die Torhalle, die noch aus der Karolingerzeit stammt. Nach der Besichtigung geht es von der Fraueninsel wieder mit dem Schiff zurück ans Festland zum Priener Ortsteil Stock.

Tipp
Unbedingt Badesachen einpacken, denn wir erreichen unterwegs herrlichste Badestellen!

HALBINSEL IM INN

37

Willkommen in Wasserburg

Wasserburg am Inn ist eine überaus malerische Stadt in Oberbayern – so schön, dass wir uns wundern, warum sie von den Social-Media-Influencern noch nicht als neuer Hotspot überrannt wird. Aber umso besser, so bleibt die Altstadt weitestgehend nur für uns Insider ein wunderbares Ausflugsziel.

Wasserburg liegt auf einer Halbinsel, die von einer weiten Flussschleife des Inns umgeben ist. Eine Lage, die einst ideal war, um sich vor Feinden zu schützen, aber natürlich auch hochwassergefährdet. Zum Glück blieben jedoch über die Jahrhunderte hinweg viele prächtige Bürgerhäuser, hübsche Plätze und Teile der Stadtmauer erhalten.

Altstadtrunde

Vom Busbahnhof nehmen wir die Straße Im Hag, gehen am Friedhof entlang und kommen zum langgestreckten Heisererplatz. An ihn schließen sich der Kaspar-Aiblinger-Platz und der Max-Emanuel-Platz an, die uns dann über die Tränkgasse zum Marienplatz bringen. Hier stehen wir vor dem prächtigen Rathaus, der Frauenkirche und dem Kernhaus mit seiner Stuckdekoration, die 1739 J. B. Zimmermann gestaltete.

Ein Stück weiter biegen wir links zum Brucktor ab, um auf der Brücke den Inn zu queren. Blicken wir zurück, so breitet sich die gesamte Altstadtfront gleich einer befestigten Burganlage vor uns aus. Von hier können wir nach dem Bruckbräu links ans Innhochufer und zum Kellerberg hinaufsteigen, um das Panorama von der »Schönen Aussicht« so richtig zu genießen.

Tipp

Beim Brucktor beginnt auf dem Hochwasserdamm des Inns ein Weg mit modernen Skulpturen, der frei zugänglich ist. Über 30 Kunstwerke kann man hier auf sich wirken lassen.

Vom Aussichtspunkt erkennt man die Insellage der Stadt.

An der Stadtmauer

Kunstschätze

Zurück am Marienplatz schlüpfen wir durch die Schustergasse und besichtigen die Pfarrkirche St. Jakob. Die Kanzel von Martin und Michael Zürn d. Ä. gehört zu den wichtigsten Werken des frühen Barocks in Süddeutschland. Auch das Stadtmuseum in der Herrengasse mit seinen umfangreichen Sammlungen verdient einen Besuch. Nicht vergessen sollte man die Ledererzeile und den Hofstattplatz und zu guter Letzt auch das Friedhofstor, das wegen seiner zum Bau verwendeten alten Grabsteine ungewöhnlich ist. Von hier aus sind wir schnell wieder am Busbahnhof.

leicht beliebig

Auf einen Blick

Tourencharakter
Stadtspaziergang ohne technische Schwierigkeiten

Ausgangs-/Endpunkt
Busbahnhof Wasserburg

Anfahrt
Mit dem Zug zum Bahnhof Wasserburg-Reitmehring und weiter mit dem Stadtbus in die Altstadt (fährt alle 30 Min.)

Einkehr
Stimmungsvoll Kaffee trinken kann man im Café Schranne (die-schranne.de) und gut essen z. B. im Stechlkeller (stechl-keller.de) am Marienplatz.

Weitere Informationen
- *wasserburg.de*

In den Arkaden lagerte man früher verderbliche Waren.

EXTRALANG UND XXL

38

Burghausens Superlativ

Über Burghausen wacht die längste Burg der Welt. Das allein wäre schon Grund für einen Besuch, aber das ist natürlich noch nicht alles: Mit ihren engen Gassen, den farbenfrohen Häusern und der Lage am Fluss ist die Stadt mehr als malerisch, und tolle Veranstaltungen gibt es das ganze Jahr über.

Burghausen punktet natürlich mit seiner herzoglichen Burg, die sich mit ihren 1051 Metern als »längste Burg der Welt« bezeichnet und wirklich XXL-Format hat. Sie ist, bis auf die Innenräume der Hauptburg, völlig frei zugänglich. Ein Spaziergang durch die fünf Burghöfe, in denen heute noch an die 150 Bewohner leben, und ein Besuch der herzoglichen Räume in der Hauptburg sind fast Pflicht für jeden Gast Burghausens.

Der steile Aufstieg aus der Altstadt bleibt uns erspart, wenn wir gleich vom Bahnhof in den Citybus steigen und an der Haltestelle Ludwigsberg/Burg aussteigen. Wir queren nun noch die Unghauserstraße und biegen am Hotel Glöcklhofer rechts in die Burgstraße ein. Sie bringt uns zum großen Parkplatz und damit zum Beginn der Burganlage.

Größer, weiter, länger

Diese wollen wir nun einmal ganz durchwandern. Äußerst malerisch wechseln sich die einzelnen Vorhöfe ab, und wir passieren diverse Türme, Mauern und Vorsprünge, eine Kapelle und sogar Museen. Dabei ist die Burg alles andere als ein reines Museum: In einigen Gebäuden und Häuschen auf der Burg leben und arbeiten das ganze Jahr über Menschen. So gibt es auch Cafés oder einen Kiosk in der Anlage. Dazu kommt das Aventinushaus im dritten Vorhof. Bis heute wird erzählt, dass hier der bedeutende bayerische Geschichtsschreiber und Humanist Johannes Turmair, genannt Aventinus (1477–1534), gewohnt haben soll, als er als Prinzenlehrer und Erzieher eine Anstellung auf der Burg Burghausen innehatte.

Vor allem von der österreichischen Salzachseite erkennt man die Größe der Burg.

Erstaunlich viele grüne Flächen umgeben die Stadt.

Tipp

Im Sommer gibt es öffentliche Plättenfahrten auf der Salzach (mehrere Termine, z. T. mit Rahmenprogramm). Die Fahrten starten um 14 Uhr in Tittmoning, der Bus dorthin fährt um 13.10 Uhr am Bahnhof Burghausen ab. Dann wird auf den historischen Booten, die einst dem Salzhandel dienten, nach Burghausen zurückgefahren.
■ *visit-burghausen.com/oeffentliche-plaettenfahrten*

leicht

beliebig

Auf einen Blick

Tourencharakter
Spaziergang durch die Burg mit Abstieg zur und Besichtigung der Altstadt

Ausgangs-/Endpunkt
Burghausen

Anfahrt
Mit dem Zug nach Burghausen und mit dem Citybus 1 bis Haltstelle Ludwigsberg/Burg. Ab dem Stadtplatz mit dem Citybus zurück zum Bahnhof

Einkehr
Am Stadtplatz: Augustiner Brückenwirt (augustiner-burghausen.de), STRIZZI Bar (ab 17.30 Uhr geöffnet, So/Mo Ruhetage; strizzi.de) oder das entzückende Café Altstadt (täglich 9–17 Uhr; cafe-altstadt.com)

Noch wichtig
Burgmuseum in der Hauptburg: geöffnet 31.3.–3.10. täglich 9–18 Uhr, 4.10.–30.3. täglich 10–16 Uhr, ohne Führung (burg-burghausen.de)

Weitere Informationen
■ *burghausen.de*

Zeitreise ins Mittelalter – auf dem Burgfest geht das.

Die Herzöge mit ihren Prinzen wohnten in der Hauptburg. Diese finden wir am hintersten Ende der Anlage. Heute sind hier das Stadtmuseum mit Schatzkammer, die Staatsgalerie und eine Burgkapelle zu besichtigen, für die wir Eintritt zahlen müssen, wenn wir ab hier auch den Rest der Anlage besichtigen wollen.

Einmal im Jahr, immer am zweiten Wochenende im Juli, verwandelt sich das ganze Burgareal in ein mittelalterliches Lager. Drei Tage lang haben beim historischen Burgfest die Ritter, Knappen und Burgfräuleins das Sagen auf der Burghausener Burg – mit dabei jede Menge Gesinde, Gaukler und Handwerker, alle gekleidet in farbenfrohen Kostümen.

In die Altstadt

Ein Stück vor der Hauptburg führt uns dann der Burgsteig abwärts in die Altstadt. Jetzt tauchen wir in die geschichtsträchtige Stadt ein und machen uns auf zum Stadtrundgang. Burghausen ist durch seine geografische Lage etwas eingezwängt: Im Rücken der Burgberg, vorne die Salzach, konnte sich die Stadt eher in der Länge ausdehnen. So ist allein schon der prächtige Stadtplatz von beträchtlichem Ausmaß. Am besten kann man ihn samt der gewaltigen Stadtpfarrkirche St. Jakob und den schönen bunten und sehr prunkvollen Bürgerhäusern in einem der Straßencafés sitzend auf sich wirken lassen.

Das Salz der Stadt

Burghausens Wohlstand beruhte lange auf dem Salz, das mit Schiffen auf der Salzach nach Norden transportiert wurde. Diese

Tipp

In Burghausen lockt westlich unterhalb der Burg der große Wöhrsee mit seinem wunderbaren Freibad. Der See entstand aus einem ehemaligen Arm der Salzach und das Baden hat darin seit weit über 100 Jahren Tradition. Man kann sich auch SUPs ausleihen.
■ *baeder-burghausen.de*

Fracht ließ man sich teuer bezahlen. Kein Wunder, wenn die Schiffsmeister, die dafür verantwortlich waren, damit reich wurden und ihre Häuser oft aufwendig bauten. Diese geben heute nicht nur Burghausen, sondern auch den anderen Städten entlang der Salzach ihr Gesicht.

Später kam durch die Entwicklung der Eisenbahn ab Mitte des 19. Jahrhunderts der Schiffsverkehr in kurzer Zeit fast völlig zum Erliegen. Die Einnahmen brachen von heute auf morgen ein, Anreize zum Neubau von Häusern gab es nicht mehr, und so blieben die Städte in ihrer alten Form erhalten und begannen langsam, aber sicher zu verfallen. Erst in der Nachkriegszeit erkannte man ihren historischen Wert. Der Fremdenverkehr tat ein Übriges, und so begann man mit einer behutsamen Konservierung und Sanierung, sodass wieder Leben in die Städte einkehren konnte.

Szene-Viertel

Wir spazieren jetzt noch nach Süden in die langgezogene Gasse In den Grüben. Hier scheint die Zeit stehengeblieben zu sein, auch wenn das Viertel mittlerweile »in« geworden ist. Neben Handwerkern finden sich Kneipen, Antiquariate, Boutiquen und Galerien. Für Kunst und Kultur hat Burghausen immer viel übrig. Der absolute Höhepunkt im Jahr ist dabei die Internationale Jazzwoche im Frühling, bei der die weltbesten Künstler aus der Jazzszene anreisen. Für die Größten unter ihnen hat man nach ihren Auftritten Gedenkplatten in den Boden eingelassen – diese finden wir ebenfalls in der Straße In den Grüben.

Im Reich des Watzmanns

39

Berchtesgaden und der Alpen-Nationalpark

Die Marktgemeinde Berchtesgaden liegt im südöstlichsten Winkel von Bayern, nach ihr ist die Gegend benannt – das Berchtesgadener Land. Hier kann man viel erleben: einen Besuch im Salzbergwerk, einen Bummel durch den Ort oder eine Fahrt über den Königssee bzw. hinauf zum Jenner.

Hohe Gipfel oder blaue Seen? Im hintersten Winkel Bayerns, nahe der österreichischen Grenze, ist beides möglich! Das Berchtesgadener Land mit seinem Nationalpark ist eine der schönsten Regionen Deutschlands. Eine Urlandschaft mitten im dicht besiedelten Bayern, die sich abwechslungsreich, vielfältig und sehr unterschiedlich präsentiert. Neben all der wunderbaren Natur freuen sich Einheimische und Gäste auch über die gute Infrastruktur der zahlreichen Wanderwege.

Am Rand des Nationalparks

Das Beste daran: Berchtesgaden liegt direkt am Rand des Nationalparks. Wer also einen Ausflug in die Marktgemeinde unternimmt, sollte unbedingt genügend Zeit mitbringen, um auch diesen zu besuchen. Allerdings, für so viele Sehenswürdigkeiten und Naturschönheiten reicht wohl ein Tag nicht aus!

Fast von überall ist der Watzmann als zentrales Motiv in der Landschaft zu sehen. Wobei es sich bei dem Gebirgsmassiv eigentlich um eine ganze »Familie« handelt, denn neben dem Watzmanngipfel selbst gibt es noch die Watzfrau und die Watzkinder (nach der Legende heißen sie Watzmannfrau und Watzmannkinder). Allerdings ist die Besteigung der dominanten Landmarken nur erfahrenen Bergsteigern vorbehalten. Das macht aber nichts, gibt es doch genug andere herrliche Ziele, die die meisten gut schaffen können.

Wandertipps

Wer gern höher hinauf will, wählt die hochmoderne Jennerbahn unweit des Königssees, die einen bequem in die hohen Kalkalpen bringt. Von der Bergstation ist der Jenner-Gipfelsturm ein Leichtes, unvergesslich wird auf alle Fälle der Tiefblick auf den Königssee bleiben, den man von hier in seiner ganzen Länge und Pracht bewundern kann.

Wasserspiele im Kurpark

St. Bartholomä am Königssee ist das Traumziel vieler Deutschlandbesucher.

Wen Gott liebt, den lässt er fallen in dieses Land. (Ludwig Ganghofer)

Andenkenläden gibt es viele im Ort.

Wer sich richtig verwöhnen lassen will, nächtigt im Kulturhof Stanggaß.

Im gemütlichen Wirtshaus St. Bartholomä versäumt man gern mal das Boot für die Rückfahrt.

Spannendes gibt es im Haus der Berge zu entdecken.

Das weiße Gold

Berchtesgaden hat eine lange Geschichte. Früher war es ein reichsunmittelbares geistliches Fürstentum. Mindestens seit 1102 gab es hier ein Kloster, dessen Vorsteher als Reichsprälat im Reichstag vertreten war. Natürlich warfen die Fürsten der Umgebung ein Auge auf das kleine, aber sehr wertvolle Land. Doch das war erfolglos, denn Berchtesgaden konnte sich eine ungewöhnlich gute militärische Verteidigung leisten, genauso wie die kostspielige Vertretung seines Landes im Reichstag. Fast unermesslich waren seine reichen Einkünfte aus der Salzgewinnung.

Die Jagd nach dem weißen Gold, dem Salz, prägte über viele Jahrhunderte hinweg das Berchtesgadener Land. Das einst so rare Mineral war überall Mangelware, aber bei Berchtesgaden gab es ein großes Naturvorkommen. Für seinen Abbau wurden extra Soleleitungen zu den Salinen gebaut. Bis heute wird in Berchtesgaden Salz gewonnen, mittlerweile natürlich mit modernen Mitteln, die sich im Prinzip aber nicht von der althergebrachten Methode unterscheiden. Und die Salzgewinnung trägt nach wie vor zum Wohlstand des Berchtesgadener Lands bei: Sie ist der größte Arbeitgeber der Gemeinde.

Im Salzbergwerk

Einmalig, unvergesslich und superspannend ist daher ein Besuch im Berchtesgadener Salzbergwerk. Die Schutzkleidung, die man vor dem Besuch erhält, vermittelt das richtige Bergarbeiter-Feeling. Dann geht es zunächst mit der Stollenbahn weit in den Berg hinein, ehe uns zwei Rutschen noch tiefer in den Untergrund befördern. Den faszinierend ausgeleuchteten Spiegelsee überquert man mit einem Boot, und am

Ein Ausflug auf den Jenner zählt zu den Höhepunkten um Berchtesgaden.

Ende kann man in einem Salz-Shop alles erwerben, was mit dem Mineral zu tun hat. Erreichbar ist das Salzbergwerk ab dem Berchtesgadener Bahnhof entweder mit Bus 840 oder zu Fuß in gut 30 Minuten auf einem Wanderweg entlang der Berchtesgadener Ache (Ostseite).

Berchtesgadener Bummel

Die Stadt selbst ist natürlich ebenfalls einen Besuch wert. In die Altstadt fährt ein Bus, aber man kann auch gut zu Fuß dorthin wandern, auch wenn man ein paar wenige Höhenmeter dafür benötigt. Deshalb wählen wir am Bahnhof auch nicht den Ausgang zur Vorderseite des Gebäudes (Busbahnhof), sondern queren auf der kleinen Brücke die Gleise nach Norden und gehen geradeaus relativ steil bergauf. Bei den ersten Häusern halten wir uns rechts und erreichen die Maximilianstraße. Jetzt haben wir den größten Anstieg schon geschafft.

Tipp

Eine nette Nebensache ist die Berchtesgadener War, kleine Holzschnitzereien oder Spanschachteln, die immer liebevoll bemalt sind. Diese wurden früher vor allem von den Bauern im Winter in Heimarbeit gefertigt und von Kraxentragern in ganz Mitteleuropa verkauft. Heute erhält man sie in Kunstgewerbegeschäften im Ort und vor allem im Berchtesgadener Heimatmuseum im Schloss Adelsheim.
■ ***museum-schloss-adelsheim.de***

Wir folgen der Maximilianstraße nach rechts und erreichen als Erstes das Franziskanerkloster, das einen kurzen Besuch wert ist. Die alten Marmorplatten am Fußboden sind von vielen Gläubigern abgewetzt. Auffallend ist die zweischiffige Halle im spätgotischen Stil, deren mittlere Säule den Hochaltar fast verdeckt.

Der Straße weiter folgend, liegt rechter Hand der kleine Kurgarten. Noch vor der Rechtskurve der Maximilianstraße biegen wir links zum Marktplatz ein. Hier schlägt

Viel Spaß macht es, selbst über den Königssee zu rudern.

Übernachtungstipp

Luxuriös oder schlicht gebettet: In Berchtesgaden ist die Dichte an Übernachtungsangeboten groß. Klein, aber oho ist die Pension Lugeck, sehr edel und schön der Kulturhof Stangass. Ebenfalls empfehlenswert ist das Richtung Schönau gelegene moderne Sporthotel Explorer Berchtesgaden mit tollem Preis-Leistungs-Verhältnis.

- *lugeck-berchtesgaden.de*
- *kulturhof.bayern*
- *explorer-hotels.com*

rund um den Marktbrunnen das Herz der Altstadt – es gibt ein Café und eine Eisdiele sowie viele Souvenirgeschäfte. Der Marktplatz zieht sich eigentlich links weiter, wir bleiben aber rechts, gehen durch den Torbogen und stehen gleich darauf am großen Schlossplatz vor der alten Stiftskirche St. Peter und Johannes der Täufer, deren Ausstattung Baustile jeglicher Couleur umfasst.

Direkt an die Kirche schließt sich das Königliche Schloss Berchtesgaden an. Auch wenn die Fassade sehr einheitlich wirkt, ist es völlig verschachtelt und mit 214 Räumen riesengroß. 30 davon kann man mit einer Führung besichtigen (schloss-berchtesgaden.de).

Ins Haus der Berge

Zurück am Marktplatz folgen wir ihm fast bis zu seinem Ende. Schöne Häuser mit teilweise mit Lüftlmalerei verzierten Fassaden säumen den Platz. Dann geht es links zum Weihnachtsschützenplatz und gleich nochmals links in die Metzgerstraße. An ihrem Ende finden wir das wohl berühmteste Haus Berchtesgadens, dessen Fassade mit Affen bemalt ist. Je nachdem, wie lange wir Zeit haben, gönnen wir uns nun eine Einkehr oder besuchen das Haus der Berge.

Das Nationalparkzentrum liegt etwas westlich der Altstadt von Berchtesgaden. Wir erreichen es, wenn wir auf der Maximilianstraße zurückgehen, bis diese zur Von-Hindenburg-Allee wird, die wiederum in die

Hanielstraße übergeht. Nicht nur an Regentagen ist der Besuch des Museums Haus der Berge ein Muss: Modern und interaktiv vereint es perfekt Informationszentrum, Bildungszentrum und Erlebnisgelände. Es hält einige Überraschungen bereit, und natürlich macht es Spaß zu rätseln und zu knobeln und dabei ganz von selbst viel Wissenswertes über die vielfältige Flora und Fauna im Nationalpark zu erfahren (haus-der-berge.bayern.de).

Am Königssee

Und wenn wir schon mal hier sind, dürfen wir uns auf keinen Fall eine Fahrt über den berühmten Königssee zur Kirche St. Bartholomä im Herzen des Nationalparks entgehen lassen. Wer kann, versucht frühmorgens eines der ersten Schiffe zu erwischen, denn dann ist noch wenig los. Das einsame Trompetenspiel des Kapitäns mitten auf dem See demonstriert das Echo der Berge und klingt dann geradezu magisch.

In St. Bartholomä angekommen, spazieren wir auf dem Eiskapellenweg zur Kapelle St. Johann und Paul. Wilder wird es, wenn wir noch weiter bergauf bis zur Eiskapelle steigen (Trittsicherheit erforderlich!). Die Eiskapelle, die weiter oben am Fuß der Watzmann-Ostwand liegt, ist eine durch Lawinen gebildete Schneehöhle, aus der der Eisbach fließt. Sie darf aber nicht betreten werden.

Wer möchte, kann die Erkundung des Königssees auch bis zu seinem südlichsten Ende beim Bootsanleger Salet fortsetzen. Aber Achtung: Bei so viel landschaftlicher Schönheit darf man nicht das letzte Schiff zurück nach Königssee versäumen!

leicht

beliebig

Auf einen Blick

In Berchtesgadens Altstadt gibt es einige Cafés und Eisdielen.

Tourencharakter
Gemütlicher Stadtspaziergang. Wer alle Attraktionen besichtigen möchte, nützt am besten die regionalen Busverbindungen.

Ausgangs-/Endpunkt
Berchtesgaden

Anfahrt
Mit dem Zug nach Berchtesgaden. Die Altstadt kann man zu Fuß besichtigen. Die Busse 836 und 840 fahren vom Bahnhof zum Salzbergwerk, die Busse 841 und 840 zum Königssee bzw. zur Talstation der Jennerbahn.

Einkehr
Gasthaus Neuhaus am Marktplatz (edelweiss-berchtesgaden.com), Sophies Café-Restaurant am Kurgarten (sophies-restaurant.com)

Noch wichtig
Salzbergwerk Berchtesgaden: Unbedingt vorher Tickets reservieren – besonders in der Hauptsaison ist es fast unmöglich, vor Ort welche zu bekommen (salzbergwerk.de).
Königssee: Je nach Witterung fahren die Königssee-Schiffe von Ende März bis Nov. Auch hier unbedingt vorab Tickets kaufen, um lange Wartezeiten zu vermeiden (seenschifffahrt.de).
Achtung: Fußweg von der Bushaltstelle bis zu den Landungsstegen von 10–15 Min.

Weitere Informationen
■ *berchtesgaden.de*

Über die Grenze in die Mozartstadt

40 Ausflug nach Salzburg

Mit dem Deutschlandticket nach Österreich? Das geht! Dank bester Bahnverbindungen sind grenznahe Städte wie Salzburg im Ticket inkludiert. Mozarts Geburtsstadt ist das Traumziel von vielen internationalen Reisenden, und die irren sich selten.

Eines muss einem bewusst sein: In dieser schönen Stadt wird man sicherlich nicht allein unterwegs sein. Aber bei einem Traumziel ist das nun mal so, und zumindest müssen wir uns nicht mit einer lästigen Parkplatzsuche rumärgern, denn wir reisen komfortabel und bequem mit der Bahn an. Ganz zentral liegt der Salzburger Bahnhof zwar nicht – er befindet sich nördlich der Altstadt am östlichen Salzachufer –, doch fahren direkt vom Bahnhof Busse in die Altstadt. Aber Achtung: Diese sind nicht mehr im Deutschlandticket inkludiert!

Salzburger Liebesnest

Zu Fuß hält man sich am Südtiroler Platz links und folgt der Rainerstraße. Diese unterquert bald die Bahn, und man erreicht so auf einfachstem Weg das schöne Schloss Mirabell mit dem Mirabellgarten, eines der Highlights des Stadtrundgangs und noch dazu ein absoluter Instagram-Hotspot. Millionenfach fotografiert, gingen die Abblicke vom Schloss und dem Mirabellgarten auf die Altstadt von Salzburg unterhalb der Festung um die ganze Welt. Doch die wenigsten wissen, dass der Garten und der Vorgängerbau des heutigen Schlosses ihre Ursprünge in einer tiefen, aber verbotenen Liebe hatten.

Bereits als Kanonikus hatte der spätere Bischof und Schöpfer des barocken Salzburgs, Wolf Dietrich von Raitenau, die junge Salome Alt kennen und lieben gelernt und war ihr ein Leben lang trotz seiner Stellung als Priester und Bischof treu geblieben. Für sie ließ er als Wohnsitz ein Schloss erbauen und nannte es nach ihr Altenau. Sein Nachfolger Markus Sittikus ließ die Lebensgefährtin des Bischofs vertreiben und nannte das Schloss fortan Mirabell, um auch die letzte Erinnerung an die Geliebte seines Vorgängers zu tilgen. Das Schloss wurde später als barocke Anlage neu aufgebaut, die Grundmauern des alten Schlosses sind jedoch erhalten geblieben.

Über die Salzach

Am südlichen Ende des Schlossparks halten wir uns links, passieren das Salzburger Landestheater und wechseln dann auf dem Markartsteg ans andere Salzachufer und damit auf die Altstadtseite. Der hier

Vom Restaurant M32 hat man eine der schönsten Aussichten auf Salzburg.

Das Salzburger Land ist das Herz vom Herzen Europas. (Hugo von Hofmannsthal)

Tipp

Legendär sind die Salzburger Nockerln, eine luftige Mehlspeise aus Eischnee, die zu drei Bergen geformt und nach dem Backen mit Staubzucker bestreut werden. Die zuckersüßen Berge sind das Symbol für die drei Salzburger Stadtberge: Kapuziner-, Gais- und Mönchsberg, die sich abseits der klassischen Touristenrouten erkunden lassen.

Mozarts Geburtshaus ist eine der großen Attraktionen der Stadt.

Markartsteg über die Salzach

Café Tomaselli: das älteste Kaffeehaus Österreichs

vorgeschlagene Rundgang ist natürlich sehr willkürlich, und es gibt Hunderte Varianten, Salzburg zu erleben. Wir wollen versuchen, alle wichtigsten Punkte der Barockstadt zu besuchen, aber auch diese Auswahl ist sehr persönlich.

Historische Getreidegasse

Wir überqueren die beiden Straßen und schlüpfen durch einen Durchgang, der uns zur berühmten Getreidegasse bringen wird. Das ist ein sogenanntes Durchhaus und sehr typisch für Salzburgs Altstadt. Wir gehen durch einen Innenhof, in dem früher die Waren abgeladen wurden. Viele der Salzburger Häuser hatten denselben Aufbau: Im Erdgeschoss gab es Werkstätten, aber auch meist einen Stall für die unvermeidlichen Pferde, im ersten Stock lagen die Büros (das Kontor), im zweiten Stock wohnte die Familie, und oben unter dem Dach waren die Angestellten, die Hausmädchen, die Fuhrknechte und die Gesellen, untergebracht.

Durch einen Gang erreichen wir schließlich die Getreidegasse mit ihrem ganz eigenen Flair, den man in Ruhe auf sich wirken lassen sollte. In jedem der Häuser ist ein Geschäft, ein Café oder eine Gaststätte, die Angebote reichen vom Touristenkitsch bis zu erlesenem Schmuck oder zur feinsten Mode. Man glaubt es kaum in dem Gewirr aller Weltsprachen, die hier zu hören sind, aber in der Getreidegasse kaufen auch die Salzburger viel und gern ein! Und: In der Getreidegasse 9 finden wir

Hellbrunner Schlosspark, die Oase im Süden der Stadt

auch das Geburtshaus des Komponisten Wolfgang Amadeus Mozart, in dem dieser 1756 auf die Welt kam.

Tipp

Weiteres grenzüberschreitendes Erlebnis mit dem Deutschlandticket: das tirolerische Kufstein im Inntal südlich von Rosenheim – die kleine Stadt mit ihrer großen Festung ist ebenfalls einen Ausflug wert.
■ *kufstein-altstadt.com*

Mehr als nur süße Kugeln

Haben wir uns sattgesehen, schlüpfen wir wieder durch ein Durchhaus und kommen so zum Universitätsplatz mit dem Wochenmarkt und der Kollegienkirche. Sie war und ist die Universitätskirche Salzburgs und neben dem Dom der zweitwichtigste Kirchenbau der Stadt, ein Meisterwerk des Barockarchitekten Fischer von Erlach. Westlich der Kirche führt ein Torbogen zum Alten Markt. In diesem Durchgang finden wir die erlesene Confiserie Fürst – hier wurde die berühmte Mozartkugel erfunden. Gleich danach entdeckt man am Alten Markt das älteste Kaffeehaus Salzburgs, das Café Tomaselli, wo man sich einen Kleinen Braunen genehmigen kann, ehe es danach weiter zum Residenzplatz geht.

Residenzplatz und Dom

Wir stehen auf der Nordseite des Doms und bewundern den Residenzbrunnen, den größten Barockbrunnen Mitteleuropas. Vielleicht werfen wir auch noch einen Blick in das Salzburger Heimatwerk, eine Kultureinrichtung des Bundeslands Salzburg, die sich ohne Gewinnabsicht um die Erhaltung von Brauchtum, Kunsthandwerk, Volkstanz und Volksmusik kümmert.

Gleich um die Ecke erinnert die Stadt mit einem repräsentativen Denkmal an ihren wohl größten Sohn: Mozart. Der nüchterne und überaus sparsame Fürstbischof Colloredo konnte und wollte dieses Genie nicht in Salzburg halten – so wich dieser nach Wien aus, wo er seine letzten zehn Lebensjahre verbrachte.

leicht

beliebig

Auf einen Blick

Im alten Friedhof von St. Peter

Tourencharakter
Längerer Stadtspaziergang, den sich jeder ganz individuell in Länge und Dauer einteilen kann

Ausgangs-/Endpunkt
Salzburg

Anfahrt
Mit dem Zug nach Salzburg. Wer nicht zu Fuß in die Altstadt laufen möchte, muss noch im Bahnhof oder direkt im Bus ein Ticket kaufen und kann dann mit den Linien 3, 5 oder 6 in die Altstadt fahren.

Einkehr
In Salzburg gibt es unzählige Einkehrmöglichkeiten. Typisch sind traditionsreiche Kaffeehäuser wie das Café Tomaselli (tomaselli.at).

Noch wichtig
Mozart-Wohnhaus: geöffnet täglich 9–17.30 Uhr (mozarteum.at/mozart-museen)
Festungsbahn: täglich 9–20.30 Uhr; es gibt Kombitickets in Verbindung mit dem Eintritt in die Festung (5schaetze.at)
Wasserspiegelmuseum: nur Sa/So 10–16 Uhr (5schaetze.at)

Weitere Informationen
■ salzburg.info

Zurück am Residenzplatz gehen wir durch den vierteiligen Bogen auf den Domplatz mit der prächtigen Schaufassade des Salzburger Doms, auf dem zur Festspielzeit alljährlich »Jedermann«, das Spiel vom Sterben des reichen Mannes, aufgeführt wird. Das Drama von Hugo von Hofmannsthal erzählt von einem vermögenden Jedermann, der im Angesicht seines Todes feststellen muss, dass er von all seinen Freunden, sogar von seiner Lebensgefährtin, der Buhlschaft, verlassen wird.

Im Dom, den man von dieser Straßenseite betritt, fühlt man sich von dem gigantischen Innenraum fast erschlagen – geradezu winzig wirkt ein Priester, der vorne am Hochaltar Messe liest. Nicht weniger als 10 000 Menschen finden in diesem Gotteshaus Platz. Dieser Gigantismus war von Fürstbischof Markus Sittikus Graf von Hohenems und seinem Baumeister Santino Solari mehr als beabsichtigt. Zu Beginn des 17. Jahrhunderts, zur Zeit der Gegenreformation, wollte man den vom Glauben abgefallenen Christen mit allen Mitteln zeigen, wie reich und mächtig die katholische Kirche war.

Stille Winkel

Nach dem Dom werfen wir noch einen Blick in den romantischen Petersfriedhof, den ältesten Friedhof Salzburgs. Der Eingang liegt am Kapitelplatz, südlich des Doms. Wie eine kleine, ruhige Oase wirkt der Friedhof, der heute eine Art Ehrenfriedhof für verdiente Bürger der Stadt ist. Einst war er die Begräbnisstätte des Klosters St. Peter, das Ende des 7. Jahrhunderts als eine Art Entwicklungszentrum von dem Missionar

Rupert auf römischen Mauern gegründet wurde. Die heutige Stiftskirche St. Peter grenzt an den Friedhof an; sie stammt eigentlich aus dem 12. Jahrhundert, ihre aufwendige barocke Dekoration erhielt sie erst später.

Salzburgs Paradeansicht vom Mönchsberg

Zur Festung Hohensalzburg

Sehenswert sind zudem die Franziskanerkirche in der Franziskanergasse und das Große Festspielhaus, an dessen unspektakulärem Eingang alljährlich zur Festspielzeit die Schaulustigen Spalier stehen, um die internationale Prominenz hautnah zu erleben. Nicht versäumen sollte man auch die Auffahrt mit der Festungsbahn zur Festung Hohensalzburg. Der Felsrücken, auf dem die Burg steht, bot in unruhigen Zeiten einen hervorragenden Schutz für die Bevölkerung. So verwundert es uns nicht, dass sich auf diesem Berg schon die Kelten niedergelassen haben. Seit dem 10. Jahrhundert diente der Berg mit seiner Burg den Fürstbischöfen als sichere Zuflucht, die Festung wurde nie erobert. Einen Besuch der teilweise luxuriös ausgestatteten Innenräume ist im Rahmen einer Führung sehr zu empfehlen.

Tipp

Wasser marsch, heißt es am Schloss Hellbrunn südlich von Salzburg, zu dem der Bus 25 fährt. Im Hellbrunner Schlosspark kann man sich einer Wasserführung anschließen – ein Riesenspaß, den sich schon 1613 der Fürstbischof Markus Sittikus von Hohenems erlaubte.

Über den Mönchsberg

Von der Festung kann man nach Lust und Laune noch über den Mönchsberg wandern – fantastische Stadtansichten sind dabei garantiert. Zudem entdeckt man unterwegs alte Stadtmauern, den »Wasserspiegel« (eine interaktive Ausstellung der Salzburger Trinkwasserspeicher), eine buddhistische Stupa, die romantische Stadtalm und zum Finale das Museum der Moderne neben dem Wasserturm, dessen Restaurant M32 ein zusätzlicher Geheimtipp ist.

Von dort kehren wir ganz bequem gegen eine kleine Gebühr mit dem Mönchsberg-Aufzug in die Altstadt zurück, die wir unweit der Getreidegasse wieder erreichen. Zum Glück verkehren die Züge von Salzburg zurück nach Deutschland fast stündlich, da haben wir hoffentlich noch genug Zeit, den Tag hier in Salzburg gemütlich ausklingen zu lassen.

UNTERWEGS MIT DEM DEUTSCHLANDTICKET

Schlechtwetter-Tipps

Das soll es ja auch geben – nicht immer scheint die Sonne im Freistaat, aber trotzdem wollen wir etwas unternehmen. Dann kommen hier die ultimativen zehn Schlechtwetter-Tipps, die bestimmt für gute Laune und einen abwechslungsreichen Tag sorgen werden.

Haus der Bayerischen Geschichte: Das noch junge Museum in Regensburg zeigt in seinem modernen Gebäude direkt an der Donau alles rund um Bayern – und zwar nicht nur Geschichtliches, auch Kurioses, Kulturelles, Genussvolles und Humorvolles.
Bahnhof Regensburg
hdbg.de

Nürnberger Zukunftsmuseum: Zweigstelle des Münchner Deutschen Museums. Hier dreht sich mittels vieler Illusionen, Theorien und natürlich Mitmachstationen alles um unsere Zukunft, z. B. wie wir in einigen Jahrzehnten leben können, wollen, werden – ein spannendes Thema!
Bahnhof Nürnberg
deutsches-museum.de/nuernberg

Museum SPUR: Die Künstlergruppe Blauer Reiter kennt man, aber wer steckt hinter der Gruppe SPUR? Im ehemaligen Armenhaus der Stadt Cham werden deren avantgardistische Kunstwerke gezeigt.
Bahnhof Cham *Cham.de*

Hutmuseum Lindenberg: 300 Jahre Hutgeschichte und viele Infos rund um den einst so bedeutenden Handwerkszweig werden in Lindenberg im Allgäu gezeigt – mitmachen und anfassen erlaubt!
Bahnhof Heimenkirch, dann Linienbus nach Lindenberg
deutsches-hutmuseum.de

Buchheim Museum: Wie ein gestrandetes Kreuzfahrtschiff liegt das Museum bei Bernried am Ufer des Starnberger Sees. Gezeigt wird die Sammlung des Künstlers Lothar Buchheim (Autor von »Das Boot«). Interessante Wechselausstellungen.
S-Bahnhof Tutzing, dann Bus 9614 bis zum Museum (nur vor- und nachmittags)
buchheimmuseum.de

Museen im Mönchshof: Gleich drei Museen haben sich hier zusammengeschlossen. Auf dem Gelände in Kulmbach gibt es im Bayerischen Brauereimuseum, dem Deutschen Gewürzmuseum und dem Bayerischen

Direkt am Donauufer wurde das Haus der Bayerischen Geschichte gebaut.

Bäckereimuseum viel Interessantes zu entdecken.
Bahnhof Kulmbach
kulmbacher-moenchshof.de

BMW Museum und BMW Welt: Sind in erster Linie das Ziel für Automobilfans, aber auch die tolle Architektur lockt Besucher an. Die Geschichte der motorisierten Fahrzeuge ist mittlerweile Kulturgut. Wer schon in München ist: Auch die Zweigstelle des Deutschen Museums, das Verkehrszentrum, passt perfekt dazu. Dazu der vierte Tipp: ein Besuch in der frei zugänglichen Motorworld.
Hauptbahnhof München, weiter mit der U2
bmw-welt.com

Freisinger Diözesanmuseum: Völlig anders als vermutet, nämlich modern, zeitgemäß, stylisch und minimalistisch, zeigt sich das Museum im neuen Gewand. Eine echte Bereicherung sind auch die neuen Sonderausstellungen.
Bahnhof Freising *dimu-freising.de*

Museum 3. Dimension: Nichts ist, wie es scheint – und doch lässt sich vieles erklären. In der Altstadt von Dinkelsbühl steht die Bilderwelt völlig Kopf: 3D-Bilder und optische Phänomene sorgen für herrliche Irrungen und Wirrungen. Das Museum ist in der großen Stadtmühle neben dem Nördlinger Tor untergebracht.
Bahnhof Dinkelsbühl
3d-museum.de

Naturkunde- und Mammutmuseum: Vor rund 45 000 Jahren zogen Mammuts durchs Chiemgau, darunter das Mammut Rudi, dessen Knochen nahe bei Siegsdorf gefunden wurden. Das Museum erzählt sehr spannend von 250 Mio. Jahren Erdgeschichte, dazu gibt es vor allem für Kinder viele tolle Mitmach-Stationen.
Bahnhof Siegsdorf
museum-siegsdorf.de

In Bayern gab es Mammuts, der Beweis steht in Siegsdorf.

Register

Impressum

Verantwortlich: Sabine Klingan, Katja Treu
Redaktion: Anette Späth
Umschlaggestaltung: Ina Zimmermann, Mathias Frisch
Layoutgestaltung: Anna Lena Ibis
Layout: Eva-Maria Klaffenboeck
Repro: LUDWIG:media
Herstellung: Bettina Schippel

Printed in Poland by CGS Printing

★★★★★

Sind Sie mit diesem Titel zufrieden? Dann würden wir uns über Ihre Weiterempfehlung freuen. Erzählen Sie es im Freundeskreis, berichten Sie Ihrem Buchhändler oder bewerten Sie bei Onlinekauf. Und wenn Sie Kritik, Korrekturen, Aktualisierungen haben, freuen wir uns über Ihre Nachricht an den J. Berg Verlag, Postfach 40 02 09, D-80702 München oder per E-Mail an lektorat@verlagshaus.de.

Unser komplettes Programm finden Sie unter: www.j-berg-verlag.de

Bildnachweis
Alle Bilder im Innenteil und auf der Umschlagrückseite stammen von den Autoren mit folgenden Ausnahmen: Martin Siepmann: 47 o., 77 o. re., 97 Bubble, 101 o. li., 114 Bubble, 122

Illustrationen:
Dorf im Sonnenaufgang: shutterstock/RetroClipArt; Landschaft, Feld: shutterstock/Arthur Balitskii; Blume: shutterstock/Niko94; Wanderstöcke: shutterstock/Lilkin; Berg-Silhouette: Adobe Stock; Bär: shutterstock/Bodor Tivadar; Laubbaum: shutterstock/TOM CHINKO; Zug von vorn: Adobe Stock; Wolf: shutterstock/Bodor Tivadar
Alle anderen (Fußabdrücke, Bus): www.freepik.com

Umschlagvorderseite: Großes Bild: Blick über das Altmühltal: Shutterstock.com/manfredxy;
Bild o. li: Kurgarten am Regentenbau, Bad Kissingen (Tour 5): Wilfried und Lisa Bahnmüller;
Bild o. re.: Regionalzug in oberbayerischer Landschaft mit Alpen: Wilfried und Lisa Bahnmüller
Umschlagrückseite: Schifffahrt auf dem Chiemsee (Tour 36)

Die Deutsche Nationalbibliothek verzeichnet diese Publikation in der Deutschen Nationalbibliografie; detaillierte bibliografische Daten sind im Internet über http://dnb.d-nb.de abrufbar.

ISBN 978-3-86246-943-7